本研究是北京社会科学基金研究基地项目
"数字时代国际出版中的文化安全研究"
（15JDZHA012）的成果之一

数字时代国际出版中的文化安全研究

孙万军／著

中央编译出版社
Central Compilation & Translation Press

图书在版编目 (CIP) 数据

数字时代国际出版中的文化安全研究 / 孙万军著 . -- 北京：
中央编译出版社 , 2023.1

ISBN 978-7-5117-3504-1

Ⅰ . ①数… Ⅱ . ①孙… Ⅲ . ①出版工作－文化－国家
安全－研究－中国 Ⅳ . ① G239.2

中国版本图书馆 CIP 数据核字（2021）第 241826 号

数字时代国际出版中的文化安全研究

责任编辑	赵可佳　刘远洋	
责任印制	刘　慧	
出版发行	中央编译出版社	
地　　址	北京市海淀区北四环西路 69 号（100080）	
电　　话	（010）55627391（总编室）	（010）55627362（编辑室）
	（010）55627320（发行部）	（010）55627377（新技术部）
经　　销	全国新华书店	
印　　刷	北京时捷印刷有限公司	
开　　本	880 毫米 ×1230 毫米　1/32	
字　　数	113 千字	
印　　张	6.5	
版　　次	2023 年 1 月第 1 版	
印　　次	2023 年 1 月第 1 次印刷	
定　　价	88.00 元	

新浪微博：@中央编译出版社　　　　微　　信：中央编译出版社（ID：cctphome）
淘宝店铺：中央编译出版社直销店（http://shop108367160.taobao.com）（010）55627331

本社常年法律顾问：北京市吴栾赵阎律师事务所律师　闫军　梁勤
凡有印装质量问题，本社负责调换，电话：（010）55626985

前言

2022年的冬天，仍在流行的新冠疫情给世界各地人类的生活蒙上了一层阴霾。同样令人担忧的是，人类社会文化群体之间的互不信任有所加剧，强势文化借全球化的大潮不断扩大自己的影响，摆出了席卷世界之势，这激起了世界各民族对自己文化安全的担忧。世界已进入互联互通的时代，如何既保持自己文化的独立性，又能成为"地球村"大家庭中的一员，这成为学者们探讨的一个热点。

出版是传承人类文明最重要的手段，数字时代的大出版更是贯穿了人类传播的各个层面。出版具有意识形态和经济的双重属性，这就像人走路的两条腿。过去，人们对其经济属性的忽视使得出版走起路来步履蹒跚；反过来，如果过于强调出版的经济属性，忽略其意识形态属性，出版业也不能健康发展。本研究是北京社会科学基金研究基地项目"数字时代国际出版中的文化安全研究"（15JDZHA012）的成果之一，试图探究出版在全媒体传播的背景下通过强化人的文化认同来维护文化安全的作用。本研究也是国家社科基金项目《美国读者对中国人文社科图书的阅读和接受研究》（编号18BXW050）的阶段性成果。本书的出版得到了北京印刷学院科研创新团队项目（Ea201903）的资助。

民族的文化安全是保障人类文化多样性的基础，也是构建"人类命运共同体"的必要条件之一。人类只有一个地球，各国共处一个世界，目前全世界流行的疫情就是需要人类共同面对的挑战之一。只要各民族能够求同存异，携起手来，人类肯定能够一扫疫情所带来的阴霾，还世界一个朗朗乾坤。

作者谨识

2022年冬于北京印刷学院

摘要

数字时代，出版领域发生了翻天覆地的变化。其一是出版物形态的变化，出版物已经从单一的纸质形态转化为以纸质和数字媒体为基础的多元形态；其二是出版传播渠道的变化，印刷平面媒体传播已经拓展为印刷、多媒体、网络等多渠道、多方位的立体传播；其三是出版的影响范围无限扩大，互联网把出版物传遍了世界的各个角落，使得任何一个出版行为都可能成为国际出版。

数字化和全球化的发展使得人类在享受方便快捷传播的同时，也给各民族的文化安全带来了新的挑战。随着世界进入数字时代，全球一体化不断深入发展，各民族文化不可避免地交流、交锋和交融，文化安全问题逐渐成为各国关注的焦点。各国之间的竞争也出现了新的形势，从以硬实力比拼，转为以软实力竞争。在文化全球化进程中，西方文化在世界范围内的强势扩张，持续渗透、控制和同化相对弱势的东方文化。文化的传播是需要载体的。出版是人类历史上最基本、最核心，也是历时最悠久、影响最深远的一种文化传播方式。出版的选择性、累积性和扬弃性的特点使其成为兼具文化属性的一种最佳传播途径，影响着国际社会对一个国家文化符号的认知，也关涉国内人民对本民族文化的认同。

经过对国内外"文化博弈"问题和"文化安全"问题的研究，与"传播学与出版传播视野下的文化安全"问题的仔细梳理，本研究发现：1.出版界开始越来越重视文化安全的问题，并且意识到出版安全是文化安全的重要组成部分，在维护国家文化安全方面需要担负起自身责任。但是，没有相关研究提到出版活动在维护文化安全上的特殊地位，且没有认识到出版在构建文化认同方面担当的特殊使命。2.某些研究分析了中国文化安全所面临的挑战和威胁，提出了"防""控"等措施，虽然取得了一定的成效，但是难以应对数字时代的文化安全问题，很难从根本上认识和解决问题。

本研究认为，文化安全的核心在于文化认同，保障文化安全的关键在于构建文化认同。而数字时代的国际出版传播在文化认同的构建中起着至关重要的作用，是文化安全的基石。

要从根本上认识并着手解决文化安全问题，就必须从文化结构的核心入手。本研究提出，文化具有冰山一样的结构，分为外层、中间层和核心三个层次：最外层是物态文化层，这一层是动态变化的,不断地吐故纳新,就像冰山的表层一样,旧冰不断消融的同时,新冰不断地凝结附着;中间层是行为文化层,相对稳定,但经过长时间的岁月累积,也会有所变化;但文化冰山最里面的一层是民族的心理文化层,这是一个民族文化的根本,基本上是长期不变的,其最核心的部分是文化认同,这也是文化冰山赖以存在的基础。处于文化冰山核心的文化认同一旦受到威胁,就危及整个文化冰山的安全,文化冰山将面临崩塌的风险。

文化安全所面临的威胁可以分为外部风险和内部风险。外部风险主要指全球化带来的影响,以及西方帝国主义的文化渗透。内部风险则主要是各种原因引起的文化认同危机。二者也是造成文化安全问题的外因和内因,外因通过内因才能起作用。来自外部的文化影响只有通过价值观的渗透,动摇了文化认同,才能威胁到一个民族的文化安全。归根结底,文化安全的核心是文化认同,只有加强文化认同,才能从根本上保证中华民族的文化安全。

文化认同的强化是需要通过话语进行构建的。出版作为迄今人类历史上最悠久、影响最深远、最基本也是最核心的一种文化传播方式,具有选择性、累积性和扬弃性的特点,是其他大众媒介的文化"母体"。出版传播是以语言符号为主要媒介的传播,通过话语表达影响人的思维方式,对民族的心理文化层构建有着重要的影响。在构建文化认同角度上，出版传播起着至关重要的"基石"作用。

数字革命给出版传播带来了翻天覆地的变化，数字时代的任何出版活动都可能超越地域和国界的限制，变成国际出版。数字技术和网络空间给国际出版插上了双翼，使得国际出版成为具有网络化、立体化特征的互动传播渠道。当前，文化安全形势已经发生了变化，群体对文化认同的构建需求尤为迫切。文化认同的话语构建大致可以分为三个层次。第一层次是个体心理方面的，作为个体，需要构建话语体系和强化其对于某群体文化的归属感；第二层次是文化群体层面的，作为群体，需要构建本民族的文化传承体系，以确保文化的统一性和凝聚力；第三个层面是游离于文化群体之外的第三方，也就是从"他人"处获得的认可。

在个体心理层面上，国际出版话语体系有助于个体站在全球文化高度上形成对某群体的文化认同；在民族文化层面上，国际出版话语体系通过挖掘各民族的文化财富，包括各民族独有的历史文化、神话传说、民间故事、文化符号、文学叙事、宗教仪式、核心价值观等，构建民族文化的共同认知和归属感，以加强民族文化的凝聚力；在民族间的层面上，国际出版话语通过对世界上其他民族的影响，获得"他者"的确认，"他者"的确认也是文化认同形成的重要因素。

　　构建文化认同，维护文化安全，离不开国际话语权。不过，中国国际出版的现状并不乐观。在出版"走出去"战略的指引下，在"一带一路"倡议的推动下，中国出版虽然有了迅猛发展，但是和西方发达国家的跨国出版巨头相比，还有很大差距。由于历史、文化、政治、经济等各方面的原因，国际出版西强东弱，西方出版业主导话语权，虽然中国已经成为出版大国，但要成为出版强国，任重而道远。中国的国际出版之所以弱于西方，有行业自身发展的原因，也有话语环境的原因。要想加强国际话语权，最根本的办法就是发展和壮大中国国际出版的自身力量，完善出版产业内部现代企业制度，提高资本运作水平，健全市场监管体系，并科学合理地调整产品结构。除此之外，国际受众研究的水平亟待提高。只有了解受众、了解市场，才能出版符合市场需求的作品。构建文化认同，维护文化安全，离不开国际话语权。在处于弱势的情况下，中国出版一方面要提高自身实力，另一方面要想逐步融入国际话语体系中，须经历学习借鉴、交流发声、创新引领三个阶段。

　　面对西强我弱的话语环境，本研究提出，要加强中国出版的国际话语权，不仅需要发展硬实力，还必须从优化国际出版的话语体系入手。在国际出版中，要将以传播者为中心逐步转型为以国际受众为中心，构建以学术出版话语为骨骼、以教育出版话语为经络、以大众出版话语为血肉、以中华文化核心价值为灵魂的中华文化国际出版话语体系。

构建中国出版的国际话语体系，就是为了加强中国的国际话语权。国际话语权的加强，必然会强化文化认同的构建，一方面增强了民族文化内部的共识，加强了文化的凝聚力，有助于形成和维护民族内部的文化认同；另一方面，国际话语权的提高加强了民族文化的外部影响力，有助于对一个民族外部文化进行确认，有利于化解文化认同危机，保障民族文化安全。

关键词：数字时代；国际出版；文化安全；文化认同；话语构建

ABSTRACT

The digital age has undergone tremendous changes in the field of publishing. The first is the change in the form of publications, which has been transformed from solely paper-based form to multiple forms based on print and digital media. The second is the change of channels for publishing communication. The traditional plane communication has been expanded into multi-channel and multi-dimensional communication by printing, multimedia, network and others. Thirdly, the influence of publishing has expanded infinitely. The Internet has spread publications to all corners of the world, making any publishing behavior a potential international one.

While the development of digitization and globalization enables mankind to enjoy convenient and rapid dissemination, it also brings new challenges to the cultural security of all ethnic groups. In the digital age, the globalization is deepening, the cultures of all nationalities are inevitably exchanged, confronted and intermingled. That is why the issue of cultural security has become the focus of attention of all the world and all countries. The competition between cultures has also taken on a new look, from the competition of hard power to the soft power. Along with the cultural globalization, the continuous expansion of the western strong culture in the world results in the consistent cultural infiltration, control and homogenization of the weak cultures. The dissemination of culture requires a carrier. With the longest history, publishing is the most far-reaching, the most basic and the core method of cultural communication.

In view of the risk of cultural security, the existing research puts forward countermeasures focusing on "prevention" and "control". Although great results have been achieved, it is difficult to fundamentally understand and solve the problem.

In order to understand and solve problems fundamentally, we have to dissect the core of cultural structure. This study suggests that culture has an iceberg-like structure, which divides into three layers: outer layer, middle layer and the core. The outermost layer is the physical culture layer, which is dynamic, and has been getting reinvented. Like the surface of an iceberg, the old ice melts and the new ice condenses and adheres to it. The middle layer is the behavioral culture layer, which is relatively stable, but after a long accumulation of time, it will also change. The innermost layer of the "cultural iceberg" is the psychological culture layer of the nation, which is the foundation of a national culture. This layer basically remains unchanged, and its core part is cultural identity, which is also the basis for the existence of the "cultural iceberg". Once the cultural identity was threatened, it would endanger the security of the whole "cultural iceberg", and the "cultural iceberg" would face the risk of collapse.

The threats to cultural security can be divided into external risks and internal risks. External risk mainly refers to the influence of globalization and the cultural infiltration of western cultural imperialism. Internal risk is mainly caused by various reasons of cultural identity crisis. They are also the external and internal causes of cultural security problems. The cultural influence from the outside can threaten the cultural security of a nation only through the infiltration of values to shake the cultural identity. In a word, the core of cultural security is cultural identity. Only by strengthening cultural identity can we fundamentally guarantee the cultural security of the Chinese nation.

The cultural identity needs to be constructed through discourse. Publishing communication, as the oldest, most far-reaching, most basic and core cultural communication mode in human history, has the characteristics of selectivity, accumulation and sublation, and is the cultural "mother body" of other mass media. Publishing communication is the communication with discourse as the main medium. Through discourse, it acts directly on human thinking and has a direct impact on the psychological and cultural level of the nation. Publishing communication plays a vital role in the construction of cultural identity.

The digital revolution has brought fundamental changes to publishing communication, which has changed publishing from traditional paper media communication to multi-media and cross-media communication, from single channel publishing to multi-platform, multi-media, multi-terminal and diversified three-dimensional communication mode. Any publishing activity in the digital age may transcend geographical and national boundaries and become international publishing. Digital technology has put wings to international publishing, which makes international publishing become a network and three-dimensional interactive communication channel. International publishing discourse constructs cultural identity from three levels: individual psychology, national culture and inter-ethnic.

Building cultural identity and maintaining cultural security can not be separated from international discourse power. However, the current situation of international publishing in China is not optimistic. Although under the "Chinese publishing go global" strategy to taking Chinese culture to the global stage and driven by the "Belt and Road" initiative, Chinese publishing has developed rapidly, compared with the publishing giants of western developed countries, there is still a big gap. In order to improve the strength and to gradually enter the international discourse system, we must go through three stages: learning the discourse style, making a voice, and becoming a leader by creating new rules and styles.

In the face of unfavorable discourse environment, this study puts forward that to strengthen the international discourse power, we must start with optimizing the discourse system of international publishing of our own. In international publishing, we should gradually transform the focus on communicators into the international audience. The improved publishing discourse should be constructed with the academic publishing discourse as the skeleton frame, the educational publishing discourse as the meridian, the mass publishing discourse as the flesh and blood, and the core value of Chinese culture as its soul.

The strengthening of international discourse power will inevitably strengthen the construction of cultural identity. On the one hand, it strengthens the consensus within the national culture, strengthens the cohesion of the culture, and helps to form and maintain the cultural identity within the nation. On the other hand, the improvement of international discourse power strengthens the external influence of national culture, helps to confirm a national cultural identity. The result is to resolve the crisis of cultural identity, and guarantees the security of national culture.

Keywords: digital age; international publishing; cultural security; cultural identity; discourse construction

目录

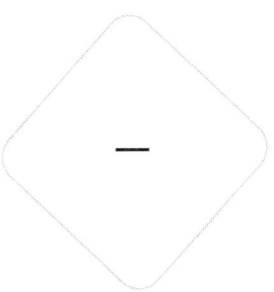

导论

（一）研究背景与意义

1. 数字时代出版的新变化

出版活动是人类收录信息、整理知识、萃积文化、传承文明的重要活动（万安伦 等，2021：5）。数字时代，出版领域发生了翻天覆地的变化，出版的载体和形态、出版传播的渠道和出版的影响范围等，与传统出版已经不能同日而语。

首先是出版载体和形态的变化。人类早期的出版形态是刻在石壁上的岩画，属于古代硬质出版范畴。此后，人类收集和记录活动信息的方式包括石刻碑文出版、泥版书出版、莎草纸出版、贝叶出版、龟甲兽骨出版、竹简木牍出版、铜彝铁券出版、纸质出版等（万安伦 等，2021：5）。造纸术出现之前，人类的知识积累和文化传承活动主要依靠的是刻写方式。中国造纸术的发明让人类的出版活动跃上了一个高高的台阶，促进了各民族思想文化成果的广泛传播，文化传承的方式也从刻写变为抄写。印刷术的出现使得纸质书籍大量出版，知识的广泛传播成为可能。从农业时代到工业时代，图书、报纸、期刊成为出版的主要形态，印刷成为文化传承传播的主要手段。20世纪90年代初，一提到出版，人们想起的就是纸质印刷品，毫无例外。数字时代，也有人称之为后工业文明时代或信息时代，信息技术的发展使出版业发生了革命性变化，图书的载体不再是单一形态的纸质书，而是呈现五花八门的形态。电子书、电纸书、有声书、各种阅读器、手机、平板、电脑等多种形态和载体争奇斗艳。出版物已经从单一的纸质形态转变为以纸质和数字媒体为基础的多元形态。数字时代的出版传播手段主要是"录显"，包括声光电磁、数字技术、网络技术、人工智能技术等。

其次是出版传播渠道的变化。传统的出版传播主要是印刷平面传播，书、报、刊是基本的传播媒介。数字时代初期，所谓的数字出版其实是数字技术在传统出版中的应用，而"互联网+"的逻辑思维也不再仅仅是基于C2C模式下的渠道模式，而是"将O2O、B2C、B2B、P2C等诸多形式熔于一炉，形成与社会关系建立、圈子身份认同、文化品位关联的多渠道模式……"（卢毅刚，2016：18）。

其三是数字时代的出版影响范围无限扩大。出版物的数字形态与"录显"传播方式相结合，数字技术与网络空间相辅相成，将出版物传遍世界各个角落，使得地球上任何一个角落的一个出版行为，哪怕是一条短短的评论，都可能通过互联网瞬时传遍全球，从而成为国际出版。

2. 数字时代文化安全的新形势

（1）从硬实力的比拼到软实力的竞争

概而言之，国家安全指的就是国家的生存和发展不受威胁的状态。传统的国家安全内涵是"主权国家在无政府国际环境中对自身生存的需求，其核心部分包括政治安全、军事安全和经济安全"。政治安全是指国家主权的确立，即代表国家的政府及其制度不受外来因素的威胁，并在国际社会和国内社会中具有公认的法理地位。军事安全是指国家领土的完整，即国家领土或领土主体不受外来军事力量的威胁。经济安全是指国家经济利益的实现，即国家经济发展有着良好的外部环境，不受外来负面影响的干扰和破坏（秦亚青，2003：13）。

然而，冷战结束后，国际形势发生了根本变化，非传统安全越来越受到关注，文化安全进入人们的视野。文化是国家、民族的灵魂，是一种文明的核心内容和存在基础，是一个民族不同于另外一个民族的特质。政权有兴亡交替，经济有盛衰周期，而文化则以其独特的凝聚力把一个民族紧密地团结在一起，使其血脉不断，生生不息。文化乃国脉之所系，是维系一个国家的精神纽带，是一个民族的根。文化兴则国家旺，文化衰则国运竭。中华文明数千年的历史经历了多少起伏跌宕，内忧外患，分分合合，却依然绵延不绝，依赖的就是其文化的强大生命力。中华传统文化所具有的民族融合力和凝聚力维系着中华民族大家庭的团结和延续。

当人类进入21世纪，世界变成了"地球村"，各种文化在全球化浪潮中竞争、冲突、交流、融合，相互渗透，此消彼长。数字时代中的挑战与机遇并存，各民族都在发掘弘扬其文化的精华，在交融碰撞中不断完善和强化自身，以在未来的竞争中占据一席之地。可以看出，数字时代的国家安全已经不仅仅局限于政治安全、经济安全和军事安全，文化安全以其不容置疑的重要性成为国家安全的重要组成部分。数字时代，随着高新技术的涌现和知识经济的发展，全球化进程明显加速，各个国家之间的联系更加紧密，世界经济形成"你中有我、我中有你"的局面。国际竞争也从原来军事、经济等硬实力的比拼逐渐过渡到了更为隐蔽，但影响更为深远的文化软实力的较量。

（2）西方的文化霸权

文化全球化的理想状态是多元文化的平等交流与互动。然而，现实却是强势文化在世界范围内不断扩张，对弱势文化持续渗透、控制和同化。以美国为代表的西方国家，依赖其先进的技术优势和雄厚的经济基础，建立起覆盖全球的传媒体系，以垄断传播渠道，使带有西方色彩、有利于西方国家利益的信息和价值观念在世界范围内肆意传播。

全球传媒市场中，美国和西方发达国家占据着90%以上的份额，国际互联网中90%以上的信息是以英语为媒介的。美国掌握着国际互联网核心技术、互联网治理秩序和运转互联网的服务器。美国一位学者说："过去我们手里挥舞着原子弹使人们害怕；现在我们手里控制着互联网使人们喜欢，这就为传播西方价值观开辟了新的有效途径。"（维平，2001：19）全世界互联网根服务器共有13台，其中，1台主根服务器设在美国，12台副根服务器当中有9台设在美国，1台在英国，1台在瑞典，1台在日本。以美国为首的少数西方发达国家垄断了国际互联网规则的制定。美国实际控制着国际互联网的13台域名根服务器，随时可以切断别国的网络。

西方社会往往以一种不平等的态度来对待文化交流和交往，不考虑发展中国家的文化传统和现实条件，按照自己设定的标准，强行输出思维方式，把自己的价值观、意识形态、生活方式等强加于发展中国家，推行文化帝国主义。文化帝国主义的推行使得全球文化在相互交流和融合的过程中，各民族文化之间的界限逐渐模糊，文化的民族性、个性消失，强势文化控制、影响和吞噬弱势文化，其结果是弱势文化国家和民族的文化主权遭到侵害，文化认同淡化，民族文化的特殊性和多样性消失。

"文化帝国主义"的渗透主要有三种方式：一是在理论层次上推行以西方中心主义为基础的人文、哲学、社会科学理论，宣扬西方社会制度和价值观；二是在大众文化层次上通过各种文化媒体传播它们的文化，例如通过电视、国际互联网、书籍、刊物、广告，使广大民众耳闻目睹；三是在文化性的物质产品及人们的衣食住行等日用品方面大做文章，使人们的环境和生活方式西方化（杨金海，1999：19）。

冷战时期，美国对苏联进行"和平演变"，美中央情报局创立基金会，资助"自由欧洲电台""文化自由代表大会""世界形势论坛"等组织。这些看似"非官方"的组织，实际上起着比军队更加重要的作用，通过宣扬西方文化价值观，长期从内部对苏联、东欧的社会主义阵营进行瓦解，动摇人心民意，最终促成苏联解体，东欧剧变。冷战结束，西方打着"文化全球化"的旗号推广西方价值观，在独联体和中亚国家发动了一系列的"颜色革命"。文化已经成为西方霸权主义的战争利器。

美洲早期的殖民者认为，他们自己是"上帝的选民"，是上帝选择了他们，让他们在美洲的土地上创造一个"山巅之城"。因此，他们所创造的社会制度、文化和价值观自然是最优秀的，是放之四海而皆准的普世价值和观念，他们的生活方式是最文明的生活方式。他们承担着向全世界传播文明的"使命"，有责任把自己优秀的文化、价值观、生活方式和政治制度等分享给其他国家，让他国人民也享受到自由、美好、幸福的生活。这种"传教士"心态一直存在于美国文化的对外扩张中，他们认为自己在向全世界推广优等民族的文化，不是什么渗透、侵略、扩张，而是呵护、帮助、拯救，这种文化扩张对于其他民族是福音。第二次世界大战之后，美国的综合国力得到了飞速发展，一举坐上了世界头号超级大国的宝座。随着军事、经济实力的增强，美国人心中的文化优越感和使命感更加膨胀。塞缪尔·亨廷顿（Samuel Huntington）指出："硬的经济和军事权力的增长会提高自信心、自负感，以及更加相信与其他民族相比，自己的文化或软权力更优越，并大大增强该文化和意识形态对其他民族的吸引力。"

3.出版在国家文化安全中的地位

文化的传播是需要载体的。出版是人类迄今历史最悠久、影响最深远、最基本也是最核心的一种文化传播方式。即便是在数字时代，出版也是其他大众媒体（广播、电影、电视、互联网）的文化"母体"，有着其他传播方式无可替代的优势。出版传播不仅具有深刻的人文内涵，还有着独特的意蕴释读方式，其选择性、累积性和扬弃性的特点使其成为具有较高文化价值内容的一种最佳传播途径，影响着国际社会对于一个国家身份的认识和国内人民对民族文化的认同。

其一，作为文化传播媒介的出版和其他大众传媒一样，具有选择性的特点。概而言之，出版就是把作品经过编辑后正式公开复制发行的活动。虽然如今有很多作品并没有经过编辑环节的审校就在网络上传播，但是只有经过编辑后公开出版的作品才称得上是严格意义上的出版物。出版物的问世需要经过策划、筛选、制作、编辑、校对、发布等各个环节，这些专业生产过程中很多信息被过滤掉了，决定了众多信息中哪些信息最后可以通过一道道关卡呈现到读者眼前。这种对信息的筛选行为在传播学上称为"把关"（Gate keeping），出版物生产过程中负责信息过滤和选择的出版编辑就是重要的"把关人"（Gate keeper），编辑工作是出版传播的核心。在"把关"过程中，编辑不仅要对出版物的图文进行去伪存真、去粗取精，更为重要的是要对出版物的内容进行过滤选择，在选题、组稿、审稿等各个环节的编辑加工和发行过程中都存在着文化选择。"编辑过程自始至终均体现为一个价值判断过程。从作品的选择、选题的制定、作者的选择、关系媒体的选择、销售方式的选择（依照'全程策划'的理论而言），到封面的选择、内文版式的选择等，莫不是一种思想判断行为。"（田建平 等，2008：103）出版编辑工作的选择性在各种文化之流碰撞交汇中起着堤坝闸门的作用，让外来文化之水经过缓冲、沉淀，经过流量调节后进入内河，一方面为内部的文化之流提供新鲜活水，另一方面也不至于让外来文化之水汹涌而至，造成洪水泛滥，危及河道堤岸。因此，出版传播的选择性是其维护文化安全的重要手段。

其二，人类的出版活动有着累积性的特征。出版活动不仅把人类各民族的文化现象及文化活动记录下来，以出版物的形式贮存起来，并且借助物质载体进行大量复制和传播。这种传播不但是跨地域的横向传播，而且是跨时间的纵向传播，既惠及当代，又泽被后世。出版活动所累积的就是人类认识世界和改造世界的知识和文化。田建平和黄丽欣认为，出版具有累积性。纵向来看，"现在"的出版活动，都是以以前的出版经验、出版成果、出版思想及出版环境为基础的，并为后续的出版活动提供基础。横向来看，"出版是一种主要采用编辑手段以语言文字符号来'整理'并'优化'人类认识与文化经验及其成果的网状活动。它涉及政治、时代、作者、编辑、文化、技术等各种社会与个人的因素。正是通过这种流动的、即时的'网状'出版活动，才完成了现时的一切出版积累"（田建平 等，2008：104）。考察出版史上的经典，詹福瑞指出："我们所接受的经典，并不是经典文本的个体或经典文本本身，而是一个历史的整体。""经典积淀了历代读者阅读经典所留下的文化痕迹，形成了厚厚的累积层，这些累积层也构成了一部经典的实体，因此经典具有历史文化的累积性。"（2015：4）人类通过出版传播活动形成了文化积累，为后人留下了宝贵的文化财富。正是出版传播的累积性使得一个民族的文化积淀起来，形成了有别于其他文化的特质。而保护自己的文化特质，维护文化差异性和多样性，正是文化安全的本质。可以说，出版传播的累积性对于文化安全的意义非凡。

其三，出版还有一个较为独特的特点，就是出版过程的扬弃性。出版活动并不只是简单地记录和贮存人类对于世界的认知，而是对人类的认知和文化经验不断加以整理和扬弃的过程。从时间的角度看，"历史上出版了浩如烟海的图书，但是随着时间的推移——历史的演进，那些文化性较弱的图书大量地被'文化'无情地淘汰了，而能够流传下来的（应该讲，流传下来的仅是其中极少的一部分）基本上都是文化性很强的图书"（田建平 等，2008：105）。这一过程可谓大浪淘沙。随着人类对世界认识的不断深入，随着时间的推移和历史的演进，那些包含错误和虚假的认知的出版物不断被淘汰，而那些囊括知识和文化精华的出版物经受时间的考验留存了下来，并成为经典，构成了人类文化中的精品。从横向的角度看，人类在各个时代和角落中发现的知识碎片经过出版活动得到了整理和系统化，形成了系统的、完整的知识内容，成为人类精神活动的创造成果。正是出版传播把各个领域的研究者联系在了一起，使人类整体的认知得以去伪存真、去粗取精。出版传播扬弃性的作用正类似于河道清理，只有定期清除文化之河中的淤泥和垃圾，才能保证文化之水的水质优良，而优质的文化之水才能润泽一个民族的精神和肌体，使其充满活力，保持健康。

可以看出，基于出版传播的选择性、累积性和扬弃性，出版活动有着与生俱来的文化功能，在人类文化的传播和交流中功不可没，对于传承民族文化、构建个人的文化身份有着十分重大的意义。

经过数百年的发展，特别是数字出版的出现，出版活动在信息载体、阅读方式、流通活动、发行形式等方面都发生了巨大变化，极大地突破了传统出版的时空限制，如今出版传播的范围已经十分广阔。英国牛津大学出版社于1896年在美国纽约设立分社，成为最早的跨国出版企业。如今，跨国出版集团已经数不胜数，越来越多出版业的盈利来自国外，不少跨国出版集团的海外营业额不但超过本土营业额，而且成为其主要盈利来源。从运作方式和影响力来看，随着文化传播全球化进程的深入发展，出版业呈现出更为明显的国际化特征。数字技术和网络技术的发展，使得出版物的编辑、审稿、设计、排版和制作的整个生产形式和流程都可以冲破地域和国界的限制。出版物由一国或几国合作编辑，在别的国家进行制作已经成为司空见惯的做法。数字技术和网络技术催生的数字出版给出版传播插上了翅膀，使其瞬间便能传遍世界的各个角落。

出版的国际化为各国文化交流带来便利的同时，也带来了文化安全问题。如前所述，文化全球化的结果并不是多元文化的平等交流与互动，而是西方强势文化对发展中国家弱势文化的渗透、入侵、同化与控制。出版的数字化和国际化使得传播把关十分困难，西方的思想、理论、意识形态等通过纸媒和数字媒体大量进入发展中国家，影响着人们的思维和意识。对于一个民族来说，新思想、新文化的流入，一方面有利于解放思想、开阔视野，有利于自身的文化创新；另一方面，如果允许西方文化没有节制、没有选择地流入，就会侵蚀自己国家的文化传统，对自身的文化安全造成威胁。正如一条河流，在一定程度上接纳外来的水源可以使河流的水源充沛，活力大增。但如果大洪水泛滥，就会冲毁堤坝，淹没河道，使河流失去自我。

出版肩负着文化传播和传承的使命，具有选择性、累积性和扬弃性的特点。其选择性正如文化之河上大坝的闸门，可以调节外来文化流量的大小，并对流入之水进行沉淀处理，使其水质符合需求；其累积性可以保证河流自身的水源不断，源远流长；其扬弃性的特征可以使文化之河不断纳入新流、沉淀泥沙，以改善水质、增强活力。

由此可见，出版活动和国家文化安全息息相关、密不可分。历经数个世纪的发展，出版已经不仅仅是文化的载体和传播媒介，其本身也成为文化的重要组成部分，在保障文化安全、繁荣文化发展方面担负着重要责任，发挥着不可替代的作用。

（二）相关概念界定

1. 数字时代

数字时代实际上就是电子信息时代，因为电子信息的所有机器语言都是用数字代表的，所以人们将其称为数字时代。数字时代的传播都建立在电子信息的基础上，信号以"1"和"0"这种数字形式计算机语言来传送，信息存在方式和传送方式都以数字技术作为运作规则，数字化信息传输高效便捷。数字时代具有以下特征：

第一，信息传播的即时性和高效性。数字时代的信息处理方式和通信技术使信息得以实时记录、处理和传播，这意味着信息必将爆炸式增长。2013年有研究者指出，世界上超过90%的数据是在过去两年中产生的，现在平均每秒产生的数据就有205000GB，相当于1.5亿本书的容量。从1986年到2007年，全球信息存储量每年的复合增长率为23%。而在此之后，数字世界会快速扩张，平均每两年就会翻一番。信息的爆炸式增长极大地改变了人们的生活方式，一方面，有了大量的信息，人们分析问题和处理问题的效率极大提高；另一方面，面对大量冗余信息，人会受到干扰，造成混乱。同时在数字时代，在信息的海洋中，人的注意力成为稀缺资源。

第二，世界变得更加开放，民族之间的相互依赖程度加深。数字媒介瞬间就可以使信息传播到万里之外。借助于数字传媒，地球上的重大事件可以随时同步、即时传播，空间距离和时间差异不复存在，整个地球在时空范围内已缩小为一个很小的地方，人们具有获得公共信息的均等机会。马歇尔·麦克卢汉（Marshall McLuhan）提出的"地球村"概念成为现实，数字媒介的同步化性质，使人类社会结成了一个具有密切的相互关系、无法静居独处、紧密联结的小村庄。

第三，世界的不确定性增大。数字时代不仅产生了信息加速度的"量变"，更是导致了思维逻辑的"质变"，连续性、可预测性和线性思维让位于动荡性、复杂性和不确定性。没有人可以笃定地预测未来，数字时代一切皆有可能。海量的信息和缩小了的"地球村"，把各种各样的事物联系起来，事物间错综复杂的联系颠覆了人类传统的认知，人们很难预测一件事情会引起什么后果，"黑天鹅满天飞"，一件小事也许会成为"蝴蝶效应"中蝴蝶扇动的翅膀。

身处数字时代，如何透过纷繁复杂的现象去抓住本质，对于任何问题的研究都至关重要。

2. 文化

"文化"是一个难以准确定义的概念。1952年，美国文化人类学家克罗伯（A.L.Kroeber）和克拉克洪（Clyde Kluckhohn）在他们所著的《文化：概念和定义评述》一书中列出了各个学科从各种角度给予文化的定义，有164条之多。这之后的60多年，学者们还在不停地给这个概念增加新的定义。不过，影响较大、被引用较多的是英国人类学家泰勒（E. B. Tylor）在《原始文化》（*Primitive Culture*）一书中对文化的定义："文化或文明，就其广泛的民族学意义来说，是人们作为社会成员所习得的复杂整体，包括知识、信仰、艺术、道德、法律、习俗和其他能力与习性。"《现代汉语词典》中对"文化"给出的解释是："人类在社会历史发展过程中所创造的物质和精神财富的总和，特指精神财富，如文学、艺术、教育、科学等。"有的学者将文化划分为"物质的—制度的—心理的"三个层次，其中，"文化的物质层面，是最表层的；而审美趣味、价值观念、道德规范、宗教信仰、思维方式等，属于最深层；介乎两者之间的，是种种制度和理论体系"（庞朴，1986：81）。

可以看出，文化之所以难以定义，主要因为其是一个"复

杂整体"或"总和",文化五花八门,包罗万象。胡惠林说:
"文化定义的差异性源自文化本身的丰富复杂性和丰富多样
性……文化的差异性成为区别和识别不同人群、不同民族和不
同种族的标志。"(2016:24)如果说世界文化是一个大花园的
话,各个民族的文化就是其中五彩缤纷、争奇斗艳的鲜花。正
是文化的多样性让这个世界变得生动有趣,充满活力。

3. 文化安全

所谓文化安全,其实质就是保护文化的多样性。文化安全
这个概念的界定就像"文化"概念的界定一样,学界没有统一
的说法。有学者从文化主权的角度出发,认为文化安全是指文
化主权的安全(逯维娜,2004:60),是"主权国家的主流文
化价值体系以及建立于其上的意识形态、社会基本生活制度、
语言符号系统、知识传统、宗教信仰等主要文化要素免于内部
或外部敌对力量的侵蚀、破坏和颠覆,从而确保主权国家享有
充分完整的文化主权,具备同国家政治、经济发展协调一致、
良性互动与不断创新的文化系统,以保障本国人民的价值观、
行为方式和社会制度的完整性、独立性和延续性,并在人民群
众中保持高度的民族文化认同"(石中英,2004:5)。胡惠林认
为:"国家文化安全是一个国家的文化主权神圣不可侵犯,一个
国家的文化传统和文化发展选择必须得到尊重,包括国家的文

化立法权、文化管理权、文化制度和意识形态选择权，文化传播和文化交流的独立自主权，是国家文化生存免于威胁或危险的状态。"（2002）有学者从政治的角度定义文化安全，认为如果一个国家可以自己决定国家的政治制度、经济制度、文化制度、社会制度，而不受他国影响，不被其他国家强行在自己国家推行他们的相关制度和价值观，并且能够保证自己国家的传统文化连绵不断地传承下去，本国人民也都信服于自己国家的文化、价值观和意识形态，那么，这个国家的文化安全就得到了保证（林宁，2004：51）。潘一禾提出，针对中国的情况而言，文化安全就是指我们国家、我们中华民族基本的道德价值观、基本的传统文化、基本的社会主义意识形态能够继续坚持下来、继承下来，而不是被全球一体化的趋势所淹没、所销蚀（2007：28）。

文化安全的定义虽然很多，但综合各家所言，其核心观点可以概括为：文化安全就是一个民族文化的生存与发展不受威胁的状态。

那么对于文化安全的威胁是什么呢？如前所述，数字时代，以美国文化为代表的西方文化借全球化大潮对弱势文化进行侵蚀和渗透，从而影响弱势文化人群的价值观，动摇其文化认同和文化自信，使其对自己的文化产生怀疑，以至于这个弱势文化群体的文化失去了完整性、独立性和延续性，最后被西方强势文化所同化、吞噬。由此可见，文化霸权是威胁文化安全、引起变化的外因，而文化认同的弱化和动摇才是发生变化的内因，外因只有通过内因才能够起作用，因此维护文化安全的关键在于构建和强化文化认同。

4. 文化认同

人类是社会性动物，是由文化定义的，没有文化也就没有人类社会。人类依据不同的文化构建自己的生活方式，于是不同的地区、民族、国家等社会中稳定的群体之间就出现了各种各样的差异。正是这些差异性把一个民族和另一个民族、把一种文化与另一种文化区分开来。文化的差异性反映了不同社会群体的特有价值理念和行为方式，是区分和识别不同社会群体及不同民族最为重要的依据，是人类不同文化的标志。生活在社会群体中的人，对于自己所在的群体有一种归属感，简单来说，文化认同指的就是个人对某个民族群体文化的归属感，其核心是对本民族文化中基本价值观的认同。按照《牛津媒体与传播辞典》的解释，文化认同是"根据文化或次文化类别（包括民族、国家、语言、宗教和性别）及其稳定的特性来定义群体或个人（自我定义或他人定义），这种定义是以差异或他者为参照的"（Chandler and Munday，2011：137）。文化认同对于任何人来说都是"自我"概念或

"自我"认知不可分割的一部分，其必定与国家、民族、宗教、阶级、传统、地域等任何有明显文化特征的社会群体紧密相关（Ennaji，2005：160）。

文化认同的概念来源于英文的"cultural identity"，也译作"文化身份"。查尔斯·泰勒（Charles Taylor）说，"identity"的概念有两重含义，一方面包含了个体对"我是谁"的识别，另一方面也包含了对"与自己相同性、一致性事物"的认知（2001：37）。马克思说，人是社会关系的总和。人在不同的社会交往中扮演着不同的角色，有着不同的身份，属于各种各样的社会群体，"我是谁？""从何而来？到何处去？"这些问题是要参照一个人与他人的关系才能作答的。如果从和他人不同的角度来定义自我，那么"identity"就是"身份"；如果从和他人相同的角度来定义自我，那么"identity"就是"认同"。翻译界也有学者从纵横两个维度来解析"identity"这个概念：纵向，它偏重的是个体差异，翻译成"身份"更合适一些；横向，它偏重的是群体的同一性，翻译成"认同"更恰当（蒋欣欣，2007：278）。因为本研究侧重个人与其所属的社会群体的关系，所以我们主要使用"认同"的含义。文化认同表现为人对某种特定文化的归属意识。

文化认同有下面几个特点：

首先，文化认同具有多元性。个体的文化认同受到个体所属群体及周边文化群体的影响，因为从不同的角度看，个体可以同时归属不同的文化群体或次文化群体，所以当人们同时与不同的文化群体确立了忠诚归属感的时候，其文化认同也就不是单一的，而是多元的了。一个人可以同时有中国人、满族人、男性、东北人、学生、党员、大学生合唱团成员等多重身份，这些文化身份根据国家、民族、种族、宗教、出身、地域、职业、性别等的不同由他人或自己获得认同。这些文化认同在一个个体身上相互交织、相互作用，共同影响着一个人的基本价值观念和行为方式。在当前的历史条件下，一个人的这些多元文化认同当中，国家和民族文化认同应当是占有最重要地位的，很多次文化认同是基于国家和民族文化认同之上形成的。

其次，文化认同具有传承性。一些诸如国家、民族、出身、地域等重要的文化认同由这个社会群体的成员代代相传，使得这些社会群体具有较稳定的行为规范、道德标准、价值观念。这些文化团体传统的特点被继承沿用，并通过群体成员的言行举止、思维方式表现出来，成为这个群体的标志。例如，地方方言和口音、生活习惯、交往礼仪等外在的特点，可以让人判断某人来自什么地方。"文化认同，就是指对人们之间或个人同群体之间的共同文化的确认。使用相同的文化符号、遵循共同的文化理念、秉承共有的思维模式和行为规范，是文化认同的依据。认同是文化固有的基本功能之一。拥有共同的文化，往往是民族认同、社会认同的基础。"（崔新建，2004：102）

第三，文化认同具有动态性。文化认同虽然具有传承性，但不是一成不变的，而是处于不断发展变化之中的。随着社会的变迁、政治经济和环境的改变，人的概念在不断更新，其文化认同也在不断地发展变化。这一方面是因为文化本身不是静止不变的，而是随着不同的时代在发展和变化，另一方面是因为个体的认知也在不断地发展变化，一个人随着社会经验的积累、知识的学习，对周围世界的看法也在相应发生变化，这其中就包括了他的文化认同。联合国教科文组织在一份报告中指出："任何形式的认同都是极为复杂的，因为只有与他人相联系，其个体身份和群体认同才能得以实现，而且个人所忠诚的社会群体也处在一种永恒变化的模式中。"（1996）

正因为文化认同具有多元性、继承性和动态性，所以文化认同是可以构建的。文化认同的形成有两个层面，一个层面是文化群体中的自我认同，是文化群体希望呈现给外部的形象；另一个层面是外部认同，也就是他人赋予某个文化群体的形象。这两个层面共同作用构成了某个群体的文化认同。无论是自我认同，还是外部认同，其本质都是心理认同，而心理认同不是一成不变的。文化认同的多元性使得文化认同成为一种文化选择过程，让人在多种身份中确定自己的心理归属，决定自己的主要选择和次要选择。而文化的继承性又给这些选择圈定了范围，使人在文化认同的选择过程中充满了矛盾，需要经过冲突与调整才能适应。文化认同是动态的，不是一成不变的，是一个随着认知的发展而不断变动的过程。既然文化认同是不断发展和变化的，那就可以通过影响人的认知来构建文化认同。

民族国家一方面是政治共同体，依靠国家机器维系政治统一；另一方面，要依赖民族国家的文化认同来传承民族的文化统一，强化国家的凝聚力，并确保国家的社会动员能力。文化认同需要不断的维护和构建，每一个民族所独有的神话传说、民间故事、文化符号、文学叙事、宗教信仰等，都是构建文化认同的砖瓦。所以本尼迪克特·安德森（Benedict Anderson）认为，国家也是一个"想象的共同体"（2005）。

（三）国内外相关研究综述

文化安全是一个新兴的研究领域，这一概念最早出现于1951年加拿大《皇家科学、艺术、教育委员会报告》中（程工，2014：4），而1992年联合国开发署发表的《人类发展报告》中，首次把文化安全列为人类社会应该享有的一项基本权力。

文化安全之所以受到关注，主要有三方面的原因。其一，从国际政治的角度看，冷战结束之后，大国间爆发大规模战争的可能性大大降低，原来显性的政治、军事的较量逐渐让位于较为隐性的文化博弈。其二，经济全球化使得各国经济相互间的依赖增强，变得"你中有我、我中有你"。在经济领域，各国之间既有竞争对抗，又有合作共赢，导致利益的争斗在所难免。但全球市场已然形成，经济斗争升级的话，各方都需付出较大的代价，所以经济领域的对抗较容易达成妥协，发生严重对抗的可能性降低。其三，数字时代信息技术的发展，使得各国之间的交往和沟通激增，文化相互交流、渗透，西方以其强势的文化，欲借全球化之东风，将其价值观推向世界各地。在西方文化大举进攻之际，文化安全的问题凸显，各民族的文化意识增强，文化领域的博弈越来越受到重视。

1. 国外文化博弈问题研究现状

西方学者较早关注到人类文化领域的斗争与冲突。由于西方文化在全球化进程中处于强势地位，研究者所关注的问题往往是"文化霸权""文化帝国主义"。20世纪30年代，葛兰西（Antonio Gramsci）提出了"文化霸权"理论，指出"文化霸权"就是社会统治集团通过宣传，利用其在道德和精神方面的领导地位，让广大人民接受他们一系列的法律制度或世界观来达到其统治目的。葛兰西认为，在发达资本主义国家，"直接统治"暂时退后，政权形式主要表现为文化领导权，即在市民社会中进行无孔不入的文化与心理渗透，使被统治者从内心接受、认同、赞同这种统治，被统治者不仅心甘情愿接受这种统治，并且喜欢上了这种统治（马广利，2008：15）。在葛兰西看来，文化霸权的实现就是一个赢得价值共识的过程，一种文化通过实现其文化霸权，变成了主导的文化意识形态，建立起了其领导权的合法性，并在社会上发挥主导作用。葛兰西认为，若想发动革命，首先要用新型的文化思想教育大众，颠覆统治阶级的文化霸权，夺取思想领域中的领导权，最终获得政治领导权。就这样，葛兰西把政权斗争的重心从政治经济领域转移到了文化领域。

当代西方对文化霸权研究的发展主要体现在"三论"上，即"文化帝国主义"论、"历史终结"论和"文明冲突"论。文化帝国主义思潮是现代性反思和批判的主要话语之一，其代表主要包括深受法兰克福学派大众文化批判理论影响的美国学者赫伯特·席勒（Herbert Schiller）的文化帝国主义批判理论、萨义德（Edward Waefie Said）的后殖民主义理论、汤林森（John Tomlinson）的文化帝国主义理论和詹姆逊（Fredric Jameson）的全球化时代的文化帝国主义理论等。

美国传播学家赫伯特·席勒是第一个系统阐释"文化帝国主义"概念的学者,1976年他在《传播与文化支配》一书中指出:"文化帝国主义是许多过程的总和。经过这些过程,某社会被纳入现代世界体系中。该社会的统治阶层被吸引、胁迫、强制,有时被贿赂。其结果是他们塑造的社会机制适应于,甚至是促进了世界体系中位居核心且占据支配地位的国家的种种价值观与结构。"(1976:9)

文化帝国主义批判理论到了20世纪七八十年代得到了发展,其代表人物是爱德华·萨义德。萨义德在他的著作《东方学》中构建了一套系统的反殖民文化的批评理论,指出西方文化中蕴含着一种"东方主义"。西方人的传统观念中有着根深蒂固的西方中心主义的思想,他们总是以一种高高在上的自我中心态度来审视东方文明,并对东方文化加以扭曲、丑化和妖魔化。萨义德对近百年来西方学者对东方问题的研究进行了颠覆。他的《东方学》也成为后殖民理论成熟的标志。1993年萨义德又出版了鸿篇巨制《文化与帝国主义》,书中延续了《东方学》的思路,主要运用话语分析的方法,将帝国的扩张和殖民的拓展作为展开的话语实践去分析和研究,阐释了文化控制与知识权力的关系,从思维模式的着眼点去认识帝国主义与文化问题。

20世纪90年代，对文化帝国主义的研究进一步深入。英国学者汤林森在《文化帝国主义》一书中借用"话语分析"理论对"文化帝国主义"话语进行了剖析。他把"文化帝国主义"话语分为四类：一是指媒介帝国主义，即西方利用媒体霸权，通过大量输出西方文化产品，把西方的生活方式和价值观念强加给他国；二是把"文化帝国主义"作为一种民族主义话语，宣称西方大国把西方文化强加给不发达国家，从而破坏了这些国家独特的文化传统，削弱了其对本土文化的认同；三是指涉美国消费资本主义的扩张及其对全球的主宰，导致全球文化的同质化；四是对现代性的批判，意指西方把技术、科学和理性主宰的意识形态、大众文化、城市化和民族国家等现代性当作全球文化发展的方向和唯一模式强加给整个世界，现代性的强力扩张就是一种"文化帝国主义"（沈洪波，2005：53）。他的结论是，自20世纪60年代以来，帝国主义已被全球化取而代之。他认为，帝国主义致力于从一个权势中将某种特定的社会体系扩散到全球各地，而全球化则指涉及全球各地域的相互关联与相互依赖，其发生过程相对来说没有那样明确的目的，却相对削弱了各自文化上的同一性。由此观之，现代性已经转向后现代性。在这个意义上，帝国主义也已转向全球化，因此文化帝国主义也变成了文化的全球化，这一前景是我们改变不了的文化宿命。汤林森的结论带有浓重的西方中心论色彩，被认为是对西方文化霸权的鼓吹和维护。

20世纪90年代，随着苏联的解体和冷战的结束，西方出现了一种乐观的情绪，有人认为自由民主制度取得了最终的胜利，"自由"的理念得以实现，历史发展走入结局。于是，宣扬文化帝国主义的"历史终结论"粉墨登场。"历史终结论"的提出者是日裔美国学者弗朗西斯·福山（Francis Fukuyama），1989年他在期刊《国民利益》（*The National Interest*）上发表了纪念冷战结束的文章，题为《历史的终结？》，1992年又出版了《历史的终结和最后的人》一书。福山认为，西方自由民主制度是人类现阶段以及将来无限期内最佳的政治形式，消费文化最终是全球化和西方化的主流，未来必将只有一个意识形态同质化却又精彩纷呈的世界，"自由主义经济无可匹敌，自由民主制度是人类最后的政治制度，人类将最终进入到一种普遍均质的社会"。所谓"普遍均质的社会"，实际上就是西方文化主导的全球化社会。

与福山所预言的"普遍均质的社会"相反，亨廷顿提出的"文明冲突论"认为，文明的差异及各种文明之间的冲突是正常存在的。1993年，亨廷顿发表了《文明的冲突》和《不是文明是什么——后冷战世界的范式》两篇文章，认为冷战结束后，世界冲突的根源所在，已经从意识形态和经济转变成文化，提出"最可能逐步升级为更大规模战争的地区冲突是那些来自不同文明的集团和国家间的冲突"。他把世界上的主要文明总结为七种或八种，即西方文明、儒家文明、日本文明、伊斯兰文明、印度文明、斯拉夫—东正教文明、拉美文明和非洲文明，指出这几种文明的发展会决定世界未来的格局，而且未来"最危险的冲突是沿着文明的断层线发生的那些冲突"（Fukuyama，2014：7）。如果说福山的"历史终结论"来源于西方在苏联解体、冷战结束之后以胜利者的姿态沾沾自喜的话，亨廷顿的"文明冲突论"则是延续了冷战思维。他不是按意识形态来寻找潜在的对手，而是根据文明的差异来发现可能的敌人，从文明对立的角度为西方文化的扩张提供理论依据。

针对冷战后国家间竞争的新特点，美国哈佛大学教授约瑟夫·奈（Joseph S. Nye）提出了"软实力"理论，丰富了国家综合实力的内涵，并把文化博弈的研究引向深入。约瑟夫·奈在1989年出版的《注定领导——正在变化的美国权力》一书中，提出了软实力（soft power）的概念；同年，他在《外交政策》期刊上发表文章《软实力》，对软实力的概念进行了进一步阐释。1996年，约瑟夫·奈和威廉·欧文斯等学者在《外交季刊》上发表《美国的信息优势》一文，以后又发表了一系列文章，对软实力理论进行深入研究。1999年，约瑟夫·奈在《软实力的挑战》一文中说："软实力是一国文化与意识形态的吸引力，是通过吸引而非强制的方式达到期望的结果的能力。它通过让他人信服地追随你，或让他人遵循某种将会促其采取你所期望的行为的规范和制度来发挥作用。软实力在很大程度上依赖于信息的说服力。如果一个国家可以使它的立场在其他人眼里具有吸引力，或者一个国家强化那种鼓励其他国家以寻求共存的方式，来界定它们的利益的国际制度，那么它就无须扩展那些传统的经济实力或者军事实力。"（韩勃 等，2009：16）2006年，约瑟夫·奈在《软实力再思考》一文中，将软实力简单定义为"通过吸引而非强制或者利诱的方式改变他方的行为，从而使己方得偿所愿的能力"。软实力理论强调的是文化、价值观和外交政策等非物质性因素对国际关系的影响，是对传统实力思想的补充和延伸，也为美国文化霸权的维护和发展提供了新的战略方向。

2. 国内文化安全问题研究现状

不仅国外对文化博弈的研究越来越多，到了21世纪，随着中国与国际社会的文化交流和合作越来越紧密，中国学者也感觉到了数字时代各种文化思想间的交流、交融、交锋，感受到了在全球化时代作为弱势文化群体要维护国家文化安全所面临的压力，以及提升民族文化软实力和中华文化国际影响力的迫切需求。于是，文化安全问题从幕后走到台前，成为中国学者研究的热点。和西方的研究有所不同，中方往往是站在弱势文化的立场，探讨全球化时代以中国为代表的发展中国家如何维护国家文化安全的问题。

1999年8月林宏宇发表在《国家安全通讯》上的《文化安全：国家安全的深层主题》一文是国内最早研究文化安全问题的文章，文章提出"文化是影响国家安全的一个关键因素，文化安全是国家安全的深层主题"。之后，关注"文化安全"的研究越来越多，从中国知网上文献的检索结果看，1999年有两篇以"文化安全"为题的文章，2000年增加到12篇，2006年底有271篇，到2018年8月，文献数已经达到了1600多篇，其中博士论文有11篇。胡惠林于2005年出版的《中国国家文化安全论》一书是国内第一本较系统地研究中国文化安全问题的专著，建立起了文化安全研究的分析框架。研究文化安全方面的专著还有曹泽林的《国家文化安全论》（军事科学出版社，2006），潘一禾的《文化安全》（浙江大学出版社，2007），于炳贵和郝良华的《中国国家文化安全研究》（山东人民出版社，2007），王佐书的《中国文化战略与安全研究》（人民出版社，2007），沈洪波的《全球化与国家文化安全》（山东大学出版社，2009），涂成林和史啸虎的《国家软实力与文化安全研究——以广州为例》（中央编译出版社，2009），张骥等的《中国文化安全与意识形态战略》（人民出版社，2010），韩源的《国家文化安

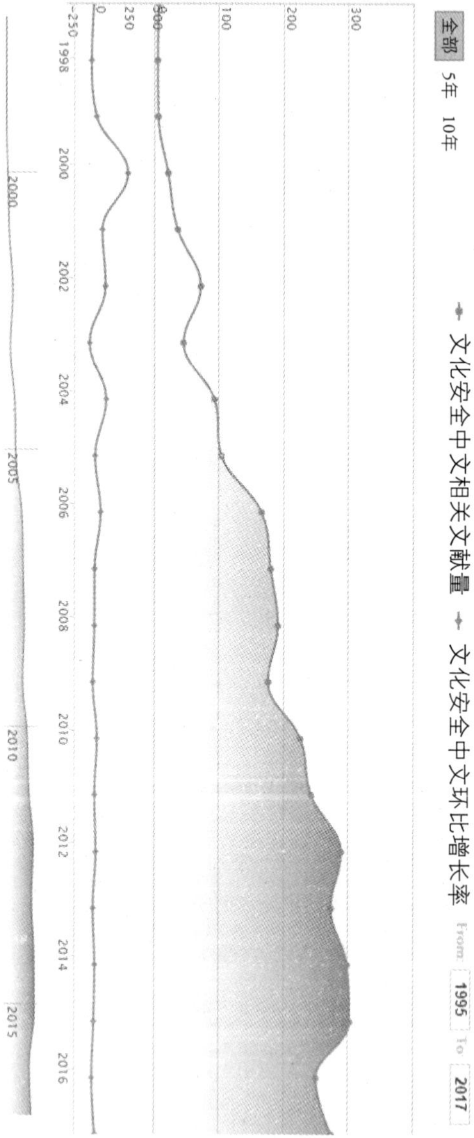

图1 文化安全研究的学术关注度

（来源：中国知网数据统计）

全论：全球化背景下的中国战略》（社会科学文献出版社，
2013），曲士英等的《马克思主义意识形态与国家文化安全》
（浙江工商大学出版社，2013），崔海宁的《利益与价值观之间
的权衡：冷战后美国国家安全战略的调整及其理论取向研究》
（经济科学出版社，2014）。

从中国知网的文献统计数据看，2005年之后，国内对于文
化安全的研究迅速增多；2012年至今，对于文化安全的学术关
注度一直居高不下。

从研究的角度和内容来看，国内学者的研究大致涉及以下
四类问题：

第一类，概念内涵等基础理论研究，这类研究无疑为中国
的文化安全研究设定了框架，奠定了基础。石中英等学者把国
家文化安全看作国家主权的一部分，"主权国家的主流文化价值
体系以及建立于其上的意识形态、社会基本生活制度、语言符
号系统、知识传统、宗教信仰等主要文化要素免于内部或外部
敌对力量的侵蚀、破坏和颠覆，从而确保主权国家享有充分完
整的文化主权，具备同国家政治、经济发展协调一致、良性互
动与不断创新的文化系统，并在人民群众中间保持一种高度的
民族文化认同""确保作为政治实体的国家在其主权范围内也包
括在国际上享有比较高度和一致的合法性认同"（2004：6-7）。
韩源等学者认为，"国家文化安全的实质是国家文化利益安全。

国家文化利益是国家利益在文化领域的体现，反映的是国家作为整体生存与发展的文化需求"（2008：90）。潘一禾提出，"国家体系中文化安全主要包括三个基本方面，即政治文化安全、语言和信息安全、国民教育体系安全"（2005：11）。郝良华则把国家文化安全分成了制度层面、产业层面和精神心理层面（2006：94）。

第二类，中国文化安全面临的威胁与挑战研究，这类研究是认识和判断国家文化安全形势的必要前提。包仕国和陈锡喜等学者对信息时代国家文化安全面临的主要问题进行了分析，认为随着全球化和信息化进程的加快，西方国家利用网络信息技术优势极力输出西方的价值观念和意识形态，对其他国家特别是发展中国家推行文化霸权主义，严重威胁着发展中国家的文化安全（2006：118）。胡惠林在判断了中国文化安全的总体形势后指出，中国国家文化安全面临的主要问题有：1.国家文化政治安全：主要是文化权力再分配与新文化制度构建的冲突。2.国家文化经济安全：主要是国家文化产业缺乏综合竞争力和核心竞争力；国际文化贸易不平衡，知识产权冲突加剧，对中国文化产品结构和产业竞争力构成严重威胁。3.国家意识形态安全：信仰危机与价值秩序重建。国家意识形态安全面临的威胁主要表现为某些干部腐化堕落，社会上存在道德失范和信仰危机；西方理论主导了人文社会科学研究与教学。4.国家民族与宗教文化安全：民族分离主义与邪教威胁。5.国家文化能力安全：原创能力依赖与民族话语权危机。6.对文明进程与现代化的文化误读：文化生态安全。7.网络文化的崛起与数字化侵害：文化信息安全。8.文化遗产保护与文化资源危机：文化遗产资源安全。9.文化市场非对称性开放与国家文化公害：文化市场与公共文化安全。10.行为艺术与文学创作的审美危机：文化内容与公共精神健康安全。11.知识产权与文化技术标准缺席：文化技术安全（2011：201-256）。这些关于中国文化安全所面临的威胁和挑战的分析，帮助人们正确认识中国文化安全所面临的形势，让国家文化安全研究有的放矢。

第三类，应对国家文化安全挑战的战略和对策研究，这类研究就维护中国文化安全从各个层面和各种角度献计献策。胡惠林从战略上提出维护国家文化安全的方案，认为我们应当在积极的文化创新中实现中国国家文化安全，制定与国民经济和社会发展相协调的文化战略，包括国家文化创新战略、国家文化产业战略、公民文化权利战略、国家文化信息安全战略、国家文化外交战略等（2011：201-256）。郝良华提出，中国必须从八个方面构建起全方位的国家文化安全体系。一是坚持以"和而不同"为核心，确立正确的民族文化发展战略，以"双赢"规则取代"零和"规则，正确处理全球文化统一性与民族文化多样性的关系。二是树立民族文化安全意识，高扬爱国主义旗帜，加强民族的凝聚力，提高抵御不良文化渗透的能力。三是坚持与时俱进，努力建设先进文化。四是网络传媒与语言工具并用，弘扬民族文化，抵制文化霸权。五是建立国家文化安全预警系统，构建中国文化产业体系。六是全面推进中国国家文化创新能力系统建设，提高全民族文化创新能力。七是加强法制建设，运用技术手段，规范网络运行，为国家文化安全提供法制和技术保障。八是积极推进国际联合反文化霸权事业的发展，建立起广泛的国际反文化霸权统一战线（2006：94–98）。韩源认为，维护中国文化安全要抢占四个制高点：一是推动马克思主义中国化，将主流意识形态融入民族文化之中，积蓄文化势能；二是保持文化先进性，增强文化创新力；三是以文化建设引领文化产业发展，增强文化传播力；四是运筹国际文化战略，推动建立国际文化新秩序（2004：16–17）。

第四类，中外文化安全比较研究，这类研究通过对国外维护文化安全的政策、措施和实践进行分析，为保障中国国家文化安全提供参考。程工的专著《世界主要国家文化安全政策研究》（2014），对美国、日本、俄罗斯、德国、法国和海湾阿拉伯国家文化安全面临的机遇与挑战、文化安全政策的内容与实践以及文化安全政策的特点与影响进行了探讨。戴晓东的《加拿大的多元文化主义与文化安全》〔《现代国际关系》，2004

（4）〕，张法连的《美国文化安全战略探究》〔《外语教学与研
究》，2009（11）〕，黄旭东的《美国文化安全战略及其对我国的
启示》〔《贵州师范大学学报（社会科学版）》，2009（06）〕，
梁建生的《法国：多重策略维护国家文化安全》（《中国文化
报》，2015年1月12日，第3版），吕永久的《加拿大如何维护国
家文化和意识形态安全》（《中国文化报》，2018年5月21日，
第4版）等文章研究了其他国家是如何维护文化安全的，以及对
我国的文化安全维护有什么启示。

3. 传播学与出版传播视野下的文化安全研究

人类传播活动与文化安全密不可分，文化传播带来了文化
安全问题。从诞生之日起，传播学就与文化安全结下了不解之
缘。传播学的奠基人之一拉斯韦尔（Harold Lasswell）的博士
论文《世界大战中的宣传技巧》中就把"宣传"列为和"军
事压力、经济压力"同等重要的战争工具，认为宣传可以带
来恐慌与仇恨（2003）。在其著作《世界政治与个人不安全》
一书中，拉斯韦尔关注了报纸宣传对个人的影响："不安全感可
以轻易地被唤起，而宣传不安全可以给本地带来大量的利益。"
（1965：22）

传播学史上具有重要影响的学者、美国新闻评论家和作
家李普曼（Walter Lippmann）在《公共舆论》一书中指出，安

全也是一种舆论，"显而易见，人们在某些情况下会像对待现实那样对虚构的东西做出强烈反应，在许多情况下，他们还会制造这种虚构的东西并做出反应"。李普曼进一步研究了人们对虚构的东西做出反应的现象，提出了拟态环境的概念，认为大众传媒可以制造拟态环境。在李普曼看来，人生活在两个环境里，一个是现实环境，这是独立于人的意志和体验之外的客观世界；另一个则是拟态环境，这是一个被人的意识或体验制造出来的主观世界。拟态环境并非是现实环境的镜像再现，而是传播媒介通过象征性事件或信息进行选择加工，重新加以结构化后向人们提示的环境。拟态环境不仅制约着人的认知和行为，而且通过制约人的认知和行为对真实环境产生影响（Lippmann，1922）。正是因为媒介能够通过制造拟态环境来影响人的认知，所以舆论的制造和调控对文化安全产生了影响。

传播学的另一个奠基人施拉姆（Wilbur Schramm）在他的《人类传播史》中提到，美国总统罗斯福在第二次世界大战期间通过"炉边夜话"广播节目让美国人民不再恐惧法西斯的威胁，并为美国的公共政策争取了舆论支持，这是大众媒介对人的认知影响的经典事例（1994：483–484）。施拉姆认为，大众传媒不仅仅为人们提供消息，而且可以引导人的思想和意识。在谈到大众传媒影响人们对战争的理解时，施拉姆说："珍珠港事变发生的时候，已经懂事的美国人永远不会忘记1941年12月7日下午，电台正在播送纽约交响乐团演出实况的过程中插进去的一则简短新闻公报产生的影响，不会忘记它使整个社会传播系统一下子亮了起来，使受到震撼的美国人放弃了星期日下午的娱乐活动和追求享受的打算，打破了他们认为美国的安全固若金汤的信念，成为绝大多数新闻报道、闲谈议论、暗自思忖的主题，并且使人们的注意力不可移易地集中于夏威夷珍珠港发生的这一事变而能引起的种种后果之上等这些情况。"（1984：108）

到了21世纪，受到后结构主义话语理论的影响，研究者开始把关注点放到话语的"构建"功能上。美国传播学者大卫·阿什德（David L. Altheide）在《制造恐慌新闻与危机构建》一书中指出，大众传媒"构建"了恐慌，新闻传播让受众关注了某些事件，把事件中的某些要素放大，让受众产生了恐慌和危机感（2002：1）。莱娜·汉森（Lene Hansen）在《作为实践的安全：话语分析和波黑战争》的专著中研究了媒介话语对安全的构建，并通过话语"互文性"的研究，论证了"话语霸权"在国际关系中的建立，指出媒介话语对安全和国际关系起着非常重要的作用。

在国外的研究中，出版作为一种传播媒介，在研究文化博弈时偶有涉及，但罕有专门针对出版领域文化博弈的研究。

随着研究的深入，国内的学者也开始关注传播媒介与文化安全的研究，其中对网络文化安全的关注较多。臧学英的《网络时代的文化冲突》（《光明日报》，2001年6月5日），张骥和齐长安的《网络时代中国文化安全面临的冲击与对策》〔《社会主义研究》，2001（4）〕，殷晓蓉的《国际互联网的发展对主流意识形态的影响及其对策》〔《上海社会科学院学术季刊》，2001（1）〕等是这方面较早的文章。接下来，吴玉荣的《互联网上意识形态的多样性及引导对策》〔《当代思潮》，2003（6）〕，丁烈云和赵刚的《网络文化安全及其监管关键技术研究》〔《理论探讨》，2007（10）〕，徐龙福和邓永发的《社会信息化发展的网络文化安全》〔《江汉论坛》，2010（11）〕，邓永发的《网络舆情影响下的网络文化安全问题》〔《企业导报》，2010（10）〕等文章相继发表，直到最近胡正荣和姬德强的《网络文化安全：概念、规范与趋势》〔《汕头大学学报（人文社会科学版）》，2017（1）〕，以及袁周敏和韩璞庚的《网络语言视域下的网络文化安全研究》〔《外语教学》，2018（1）〕等文章，对网络文化安全的基本概念、机遇挑战、应对策略等问题进行了分析和探讨。

　　相比之下，关注其他媒介文化安全的研究就要少很多。其中研究广播电影电视等大众传媒与文化安全的较有代表性的文章有，麻争旗和高长力的《广播影视译制与国家文化安全——译制文化产业发展新思维》〔《现代传播（中国传媒大学学报）》，2010（6）〕，马勇的《全球化语境下广电传播者的文化安全意识与责任》〔《新闻世界》，2014（04）〕，以及张志君的《"入世"与国家电视文化安全》〔《中国记者》，2001（3）〕。在媒介文化安全的研究中，浙江大学何镇飚的博士论文《媒介安全论：大众传媒与非传统安全研究》（2010）是分量较重的论文，提出了媒介安全的论点，指出媒介安全是运用大众传媒战胜恐怖、恐慌和恐惧的非传统安全，并结合中国媒介安全特点提出了发展、完善中国媒介安全的对策和建议。

专门针对出版传播领域文化安全的研究就更少了，搜索中国期刊网近20年的研究文章，只有20篇左右。王建辉在《新闻出版与文化安全》一文中指出："新闻出版是文化的重要组成部分，在保护文化安全方面肩负着重大责任""新闻出版在本质上是一种选择，我们的出版有权利选择适合我们民族发展的文化"〔《出版科学》，2002（6）〕。金炳亮在《中国出版产业进程与国家文化安全》一文中说："在全球化与自由贸易的旗帜掩护下，大量的文化产品（包括出版物）合法地进入中国市场，不知不觉地影响着甚至改变着一代人的价值观乃至民族精神。"〔《出版科学》，2004（5）〕他认为，出版产业的国家文化安全问题主要表现在三个方面：一是作为出版物载体的语言文字的纯洁性；二是传统的价值观在汹涌而来的西方文化产品及具有文化标志意义的物质产品冲击下，丧失领地的危险与日俱增；三是高新技术带来出版产业革命，为国家文化安全提出新的命题。比如音像、电子、多媒体、网络出版和纸介质群雄并起，出版物的出版从传统的编、校、审、印、发环环相扣，到现在的自由发表等。这些出版人较早地意识到出版在维护国家文化安全方面的重要作用，为出版界的文化安全敲响了警钟。

随着出版界开始重视文化安全问题，一些研究文章相继问世，其中较有代表性的有武志勇的《报刊发行主渠道整合与文化安全》〔《中国编辑》，2005（6）〕，董中锋的《论数字化时代中国的出版文化安全》〔《河南大学学报（社会科学版）》，2008（2）〕，郭辉的《出版全球化背景下维护国家文化安全的路径》〔《中国出版》，2008（9）〕和《论出版全球化和国家文化安全的互动与制衡》〔《青海社会科学》，2009（4）〕，珞珈的《文化安全与出版力量》〔《出版科学》，2012（5）〕，黄先蓉和李晶晶的《数字出版法律制度构建与文化安全》〔《出版广角》，2013（13）〕，陆建平的《数字时代中国学术出版国际化的国家文化安全管理》〔《浙江大学学报（人文社会科学版）》，2015（03）〕等。在这个阶段的研究中，数字出版逐渐进入到研究者的视野。珞珈指出："数字技术的发展和网络的普及，使出版传播深入千家万户，无远弗届。"（2012：1）黄先蓉和李晶晶提出，要从国家文化安全角度构建我国数字出版法律制度：一是将数字出版法律制度的构建纳入我国文化安全立法体系；二是多部门合作，加大文化安全保护力度；三是培育出版物市场及主体，构建出版安全体系；四是提高数字出版产业的创新能力、培养核心竞争力；五是在国际数字出版领域积极作为，发出中国声音。

回顾出版传播视野下的文化安全研究可以看出：

其一，出版界越来越重视文化安全的问题，并且意识到出版是文化安全的重要组成部分，在维护国家文化安全方面需要负起责任来。但是，没有研究提到出版在维护文化安全上的特殊地位，没有学者认识到出版在构建文化认同方面的特殊使命。

其二，一些有分量的研究分析了中国文化安全所面临的挑战和威胁，不过，关注点主要在"防"和"控"上，尚缺乏更有创新的对策建议。

其三，研究成果数量太少，研究关注到了文化安全建设的一些点，但总体上缺乏全面性和系统性，研究尚待更深入地挖掘。

（四）本研究的基本观点

数字化时代，人们接触信息的渠道越来越多，文化的交流、交融、交锋不可避免。中国文化安全的风险分为外部风险和内部风险两个方面。外部风险主要是西方文化帝国主义的文化渗透，而内部风险则是文化的认同危机，外部风险和内部风险也是引发文化安全问题的外因和内因。外因通过内因才能起作用，也就是说，西方文化帝国主义的文化渗透和入侵是通过其各种文化产品不断影响人的认知，从思想深处改变人的世界观、价值观和人生观，从而更广泛地影响人的文化认同，使文化内部出现认同危机。由此看来，外部因素只是诱因，文化安全的根本问题在于内部因素上。因此，本研究认为，文化安全的核心是文化认同。只有加强文化认同，才能从根本上保证国家文化安全。

如果仅仅把对文化安全的关注放在对外来文化的防控上，则于事无补，很难从根本上解决问题。因此，维护文化安全的重点应当放在自身的文化认同构建上。而在一定程度上有选择地吸收消化外来文化，可以促进文化创新，增强本民族文化的吸引力和凝聚力。吸收外来文化的关键是把握好度，中华文化讲究万物有度，如果能把握好进度和尺度，那么很多外来文化完全可以为我所用，通过消化吸收，成为我们文化中的营养，促进我们民族文化的发展和创新，有利于中华文化认同的构建。

话语是文化认同构建的基本材料。出版传播以语言符号为传播媒介，以话语为传播形式，所以在构建文化认同上起着至关重要的作用。同时，出版话语通过构建文化认同来构建文化安全，其选择性、累积性和扬弃性的特点使出版传播在维护文化安全方面有着独特的地位。

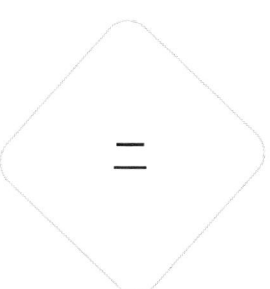

二

数字时代文化安全
所面临的挑战

文化并不是一个同质的整体，而是一个复杂的结构。跨文化传播理论中常把文化比作冰山，露出水面的部分只不过占冰山的十分之一，水下隐蔽的部分则是文化的主体，是文化冰山的基础。其显性的部分是外在的，通过人的衣食住行等行为表现出来，包括服饰、烹饪、建筑、艺术、音乐、语言等；而隐性的部分则是存在于群体思想中的东西，包括文化群体的习俗、历史、价值取向，以及对于时间、空间的态度等（Zaremba，1984：14）。

跨文化传播学科的奠基人爱德华·霍尔（Edward Twitchell Hall）在其开山之作《无声的语言》中把文化分为三个层次：显性层次、隐性层次和技术层次（2010：59）。无独有偶，许嘉璐在《中国文化的症结在哪里》一文中认为，文化分为表层文化、中层文化和底层文化（2006）。表层文化又称物质文化，是人类最易感知的文化，即围绕人的衣食住行所体现出来的取舍好恶，物质本身不是文化，一旦加上了人的"取舍好恶"，就成了文化；中层文化是制度文化，包括风俗、礼仪、制度、法律、宗教、艺术等；底层文化是哲学文化，指人的伦理观、人生观、世界观和审美观。

　　程裕祯则采用了文化分为四个层次的说法："一为物态文化层，指人的物质生产生活及其产品的总和，是看得见、摸得着的具体实在的事物，如人的衣、食、住、行等；二为制度文化层，指人们在社会实践中建立的规范自身行为和调节相互关系的准则；三为行为文化层，指人在长期社会交往中约定俗成的习惯和风俗，它是社会的、集体的行为，不是个人的随心所欲；四为心态文化层，指人们的社会心理和社会的意识形态，包括人们的价值观念、审美情趣、思维方式，以及由此而产生的文学艺术作品。"（2011：3）

　　亨廷顿在《文明的冲突与世界秩序的重建》一书中建立了一个"二元文化分析框架"，把文化分为"工具文化"和"终极文化"。"工具文化"不仅包括科学技术，也包括经济体制和政治制度，而一个文明的核心价值观则是"终极文化"（1998）。

　　日本学者石井慧（Ishii Satoshi）提出了文化模型，把文化分为物质层、行为层和心理层。认为物质层是偏显性的，在整个文化结构的外面，中间是行为层，而最核心的是心理层。"在跨文化交流的情景中，理解心理层是最重要的，因为这是文化的核心，控制、操纵着外层的行为层和物质层。"（1997：313–326）

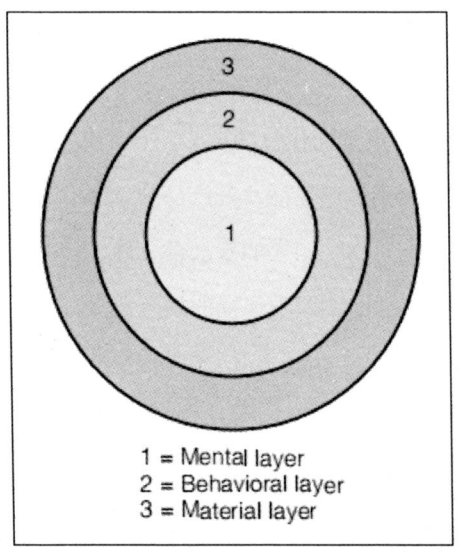

1 = Mental layer
2 = Behavioral layer
3 = Material layer

图2 石井慧的文化层次模型

综合以上各种有关文化层次的学说，本研究认为，如果说文化是冰山的话，文化冰山的最外层是物态文化层，也就是具有物质形态的文化事物。所谓"人化的自然"，即人的衣食住行所凭借的物质条件，如建筑风格、各种场合的服饰、日常的餐饮、交通方式等。

比物态文化层更深一层的是行为文化层，它是通过人的日常行为体现出来的有形文化，也就是由人类在社会实践中约定俗成的行为规范，即由习惯定势和风俗构成的文化层。它包括活动规范和行为方式，体现在礼俗、民俗、风俗等形态中。

当人们按照社会风俗行动达到一定程度，就会变成某种约定俗成、自然而然的行为倾向。

文化冰山的核心应当是心理文化层。是指特定的生活和生产方式孕育出来的特定文化心理特征，主要表现为思维方式和价值取向等精神活动的模式。由特定人群在长期的社会实践中形成的共同的价值观念、道德情操、审美情趣、宗教信仰及民族性格等要素构成的文化认同。"诸如生活方式、习惯和风俗甚至艺术这些事情并不是文化认同的根本性标志，这些都只是美学景观。思想体系、价值观和语言才是一种文化的根本……在文化中，美学景观是消费性的，而语言、思想和价值观才能够为一种文化带来权力、影响力和利益。"（赵汀阳，2003：88）

冰山的最外层是显性的，同时也最容易变化，不时吸附新鲜海水，使其成为冰山的一部分，同时消融掉一些旧的东西。然而，冰山的核心几乎是不变的，一旦冰山的核心受到威胁，那么整座冰山就到了崩塌的时候。文化冰山的外层，特别是物态层，是不断变化的，不断地吐故纳新，这也就赋予了其文化动态的特征。而作为文化冰山核心的心理文化层，则是特定民族在长期的社会实践中积累下来的文化传统心理和认知，也是一个文化的根本。文化心理层一般来说是难以改变的，对文化心理层的改变一旦影响了文化认同，这个文化冰山的终极核心就会危及整个文化的安全。

在以下章节中，我们会探讨数字时代中华文化的各个层面所受到的影响及其后果。

（一）经济全球化对物态文化层的改变

经济全球化的本质是市场的全球化，跨国界的经济行为大幅度增加，全球范围的国际商品贸易和服务贸易促使全球统一大市场逐渐形成并扩大。虽然各国经济发展水平差异巨大，自然资源禀赋千差万别，但是由于管理跨国界经济行为的政策和制度趋同，各国的同类商品和生产要素的价格必然趋向均等化，世界各地的消费品也必然趋于一致，汽车、手机、电视机、洗衣机等商品成了世界各地人们生活不可或缺的一部分。

随着经济全球化的深入，资本、技术、知识、人才、信息等生产要素在越来越大的程度上跨国界流动和配置。生产要素的跨国界流动不断满足人们日渐增长的各类消费需求，同时也潜移默化地影响和改变着人们的消费行为和生活方式。物态文化层处于文化冰山的最外层，势必首当其冲。

上千年自给自足的小农经济生产方式创造了中国历史上发达的农业社会，也孕育了独特的中国传统生活方式，并深刻地影响着中国人的消费生活观念，中国人的衣食住行用等物质生活的各个层面都打上了小农经济的鲜明烙印。小农经济的生产目的主要是获取生存资料谋求温饱，以维持自己及家庭成员的生存和繁衍。"民以食为天"这句数代人传下来的俗语包含着中国人对粮食的珍惜和对饥荒的恐惧，"黜奢崇俭"成为中国传统消费文化的核心。《左传》中写道："俭，德之共也；侈，恶之大也"，认为只有节俭、珍惜财物、不浪费，才是合乎礼仪的道德规范。另外，建立在小农经济基础之上的宗法等级制度是中国传统社会关系的基本结构。长幼有序、尊卑有别、亲疏有别、家族利益至上等观念融入人们的血液中，家长掌管着分配家庭财产和生活资料的大权，拥有绝对权威，家庭中的个体成员没有经济自主权。

鸦片战争的炮声动摇了自给自足小农经济的基础，中国被迫迈向艰难的现代化之路，洋务运动、戊戌变法、辛亥革命、五四运动等一连串的社会变革逐步打破了几千年的宗法消费习惯和"重农抑商"的社会风气。商人的地位不断提高，商品经济迅速发展。随着国门洞开，洋货随之进入老百姓的生活中。"凡物之极贵重者，皆谓之洋，重楼曰洋楼，彩轿曰洋轿，衣有洋绉，帽有洋筒，挂灯曰洋灯，火锅名为洋锅，细而至于酱油之佳者亦名洋酱油，颜料之鲜明者亦呼洋红洋绿。大江南北，莫不以洋为尚。"（严昌洪，1992：78）洋货的大量涌入，五光十色的各种西洋消费品直接诱导了崇洋生活方式的兴起，于无形之中悄然改变着中国人的消费观念。正如陈旭麓先生所说"其实说怪也不怪,这是商品在改善人们的面貌,在熔解中国的固有文化"(1987:368)。

对于刚刚看到西方现代生活掠影的中国人来说,要移植西方的生产方式和社会制度是相当困难的。但对于新兴的中国资产阶级来说,模仿西方的生活方式则是手到擒来的事情。于是,过西式生活,住洋房、开洋车、穿洋装、吃洋餐成了有钱人一种暴发户式的炫耀。然而,这种对于西方生活方式的模仿只限于器物层面,对于更深的文化层面影响不大,还常常遭到来自深层次文化的抵制。

新中国建立后,社会生产力经历了恢复和发展阶段,人民生活水平特别是广大工农群众的生活水平得到了提高。然而,接下来的"大跃进"和三年自然灾害又让刚有所好转的物质生活跌落至低谷,"十年动乱"更是把国民经济带到了崩溃的边缘。1978年,十一届三中全会之后的改革开放极大程度地解放和发展了生产力,显著地推进了国家现代化进程,人民的物质生活发生了翻天覆地的变化。

随着改革开放的深入,中国人逐步感受到了经济全球化的影响。国际货币基金组织为经济全球化下的定义是:跨国商品、服务贸易及国际资本流动规模和形式的增加以及技术的广泛迅速传播,使世界各国经济的相互依赖性增强。经济全球化的本质就是资源配置的全球化和国际化，是贸易自由化、生产自由化和生产要素流动自由化的过程，世界贸易额的迅猛增长则是其最明显的外在表现。市场从地区性市场扩展成了全球性市场，地域界限在慢慢消失，任何消费需求都是全球性需求，全球市场中各个国家的商品和服务跨越国界，在全球自由贸易体系中流通，被生活在不同国家和地区、有着不同文化背景的人们购买和消费，在全球市场中，不同国家和地区的居民消费生活趋同化。

数字时代的网络、电视、广播、报刊等媒体让世界各国的消费品和服务快速流通，把消费文化传播到世界的各个角落。经济全球化的过程，同时也是以形形色色的商品为载体的大众消费文化在全球的兴起和流行过程。好莱坞电影、欧美时尚杂志携带着的西方文化，以及肯德基、麦当劳的汉堡包裹着的消费主义观念已经传向了全世界。当"黜奢崇俭"的消费观念遭遇追求感官刺激和欲望膨胀的消费主义文化时，当注重宗法等级的传统思想与崇尚个人主义和享乐主义外来观念共处时，冲突和融合不可避免。

中国作为发展中国家，一方面在加速融入经济全球化进程，并获益颇丰；另一方面，中国的传统文化也在经历着与外来文化的冲突、较量和交融，并在这一过程中得以改变和发展。改革开放以来，中国经济的国际化水平不断提高，国际资本大量流入，进出口贸易大幅度提高，经济持续快速增长，居民生活水平大幅度提高。1978年至2018年的40年间，中国国内生产总值从1473亿美元增加到12.238万亿美元，占世界经济总量从1.8%上升到15.17%，从位居世界第十上升到成为世界第二大经济体。人均国民收入从200美元提高到8826.99美元，成功地由低收入国家迈进中上等收入国家。城乡居民人均收入不断提高，生活水平大幅改善。从1978年到2017年，城镇居民人均可支配收入由343.4元增加到36396元，名义增长105倍，实际增长14.7倍，农村居民人均纯收入由133.6元增加到13432元，名义增长99.5倍，实际增长16.2倍。

从物质生活方面看，中国人的衣食住行用等各个方面都有了较大改善。大量的外国农产品进入中国市场，小麦、牛肉、水果等食品以较优惠价格进入了普通百姓家庭。来自世界各地的品牌服装也让居民的穿着从单调的黑灰蓝转向了五颜六色，追求高品质、个性化。商品房、经济适用房、自住房、公租房等住房建设让人们的居住条件大幅度改善。高铁、地铁、高速公路建设在世界上处于领先水平，家用汽车迅速进入千家万户。手机、电脑、网络已经成为人们生活中不可或缺的一部分。20世纪改变西方人生活的15种商品——电、收音机、电话、割草机、冰箱、彩电、洗衣机、微波炉、衣物烘干机、洗碗机、汽车、录像机、空调、计算机、移动电话，其大多数已被不同程度地普及到中国日常家庭生活中。

总的来看，一方面，中国以改革开放为内在发展动力，以经济全球化为外在推动力，改革开放40年，取得了经济社会发展的巨大成功。另一方面，经济全球化也带来了人类生活方式的趋同化。许多传统的、有中国文化特色的物品正在悄无声息地消失，西方的生活方式正在影响和改造着中国城乡居民的物质生活，中国的物态文化明显地表现出了全球同质化的特征。

（二）文化全球化在行为文化层的影响

全球化最大的动力来源于市场经济，市场的趋利性决定它不会承认任何界限，利之所趋，水银泻地，无孔不入。对利益的追求促使市场冲破了地域的藩篱和国家的疆界，形成了全球市场。全球市场给世界各地的人们带来了物质生活的趋同化，相同的消费品借助无处不在的数字媒体给大众的消费生活带来了同步感，拓展出一种跨国界的文化空间，制造了趋同的消费心态，进而催生了行为文化的趋同。跨国公司在利益的驱动下，积极迎合大众消费者的品位，满足市场的内在需求，通过市场化运作，培育出趋同的大众消费文化。由于经济和文化传播上"西强我弱"的形势，经济全球化所导致的文化趋同实际上是以西方文化为标准的，是对其他民族文化的一种同化和渗透。在行为文化层上对中国文化产生了以下几方面的影响：

其一，西方商品的大量涌入和西方消费观念的广泛传播，引发了行为方式上的消费主义倾向。来自西方的消费品带来了西方的消费观念，导致生活方式不可避免地改变。西方市场经济条件下所形成的文化理念随着全球市场的发展得到越来越广泛的传播，因此对越来越多的人造成了影响。各种各样的商业活动几乎渗透到了人们生活的各个领域，社会生活的许多方面出现了过度商业化的苗头。消费主义是在西方国家出现的一种消费思潮，它极力追求炫耀性、奢侈性消费，追求无节制的物质享受，并以此作为生活的目的和人生的价值所在。消费主义鼓励以自我为中心，放纵自我，追求物质享受。奢侈性消费、浪费性消费与炫耀性消费成为时尚，金钱至上的拜金主义、追求吃喝玩乐的享乐主义、自私自利的个人主义等生活方式呈现蔓延趋势。据报道，中国内地约有1000万至1300万人经常购买奢侈品，目前中国每年奢侈品销售额已超过20亿美元，成为世界第三大奢侈品消费国。而另一份研究报告则显示，到2020年，中国将取代日本成为世界第一大奢侈品消费市场（赵吉林，2009：148）。需要警惕的是，中国与西方典型的消费社会不同。虽然近年来中国的国力有所增长，发展为全球第二大经济体，但与西方消费社会相比，中国的人均经济能力、社会生产能力和人均收入远低于西方发达国家，尚不具备支撑高消费的物质基础。过度消费一方面在物质和社会资源方面造成浪费，另一方面会诱发贪婪腐化，助长骄奢淫逸，败坏社会风气。

其二，消费主义盛行对传统习俗造成冲击。冯骥才认为："风靡全球的商业性强势流行文化，正在猛烈地冲击世界各民族，也包括我们的民族文化。在这种全球化的飓风中，首当其冲受到消解的是传统的民间文化。"（2007：5）随着全球化的深入发展，西方生活方式开始流行，在吃的方面，麦当劳、肯德基、必胜客等洋快餐店在青少年中颇受欢迎；在穿着方面，西服、夹克、T恤、牛仔服等西式服装已成为男装的主流，女装中的洋品牌更是数不胜数；现在的青少年对圣诞节、情人节、复活节乃至万圣节、愚人节的熟悉程度超过了清明节、端午节、上元节、中元节等中国的传统节日；很多儿童连母语还没学好，就花费大量时间和精力学习外语。所有这些事实都表明，中国人在日常生活细节上日益西化。与此相对应的是，本民族的风俗习惯、礼仪文化却在逐步被淡忘。过去的中国人以谦逊低调为美德，遇到别人赞扬，总是百般推辞，而如今，微信朋友圈中为自己点赞已成为常态；过去的教师讲究师道尊严，现在的教师面对学生却只能以鼓励为主，遇到学生犯错，教师连一句重话也不敢说，唯恐有伤学生的自尊心。毋庸讳言，外来的生活方式和习俗中不乏有价值的东西，值得我们学习和借鉴，然而对西方生活方式不加鉴别地一概接受，则有"崇洋媚外"之嫌。更有甚者，对外来的东西不顾语境、不顾场合地一味模仿，则是"东施效颦"了。

其三，否定文化传统诱发的文化自卑。中国的文化传统一直注重"修身"，强调思想修养，轻物质消费，提倡"黜奢崇俭""知足常乐"，这种传统观念与消费主义文化格格不入。随着全球化的深入，西方以享乐主义为核心的消费理念借助商品和现代化传媒，以强大的渗透力影响着中国消费者，传统的"黜奢崇俭"被认为是"过时了"的理念，而西方自由主义观念则被认为是"先进的""普世的"思想。这种认识完全不顾西方自由主义消费文化是建立在发达生产力基础上的，而我国仍处于社会主义初级阶段，生产力发展水平有待进一步提高的客观事实，只是一味鼓吹西方理念的"先进"。有人认为，经济上能形成全球范围的大市场，文化也应当一样，走向一体化和同质化，认为西方的文化价值观和政治经济制度就是人类最先进的文化和制度，西方的自由主义文明就是全世界都要向其"看齐"的"世界文明"。中国传统文化讲究整体意识和大局意识，看重礼仪、道德，强调团体协作，具有浓郁的伦理色彩，注重君臣父子的等级划分，而西方自由主义文化则重视个性发展与个人自由。两种文化各有不同的侧重和关注点，而一些人不顾环境和历史传统，用西方的民主、自由和平等来批评中国文化中的等级和保守，全盘否定中国传统文化，认为中国文化落后。特别是鸦片战争后的近代中国，很长时间处于被西方列强打压和侵略的地位，致使有些人把由于生产力落后而挨打的账算到了传统文化上，将落后的原因完全归结于传统文化中所蕴含的封建性和保守性上，从而不分青红皂白地对传统文化整体进行持续不断的清算。这种行为给人的印象就是，中国传统文化是落后、僵化的，致使中国人丧失了文化自信，也丧失了对自己文化的尊重与崇尚，进而形成了一种文化上的自卑感。不可否认的是，任何文化中都有精华和糟粕，如果以其中有糟粕为由，良莠不分，抛弃整个文化传统的话，无异于"倒洗澡水时连带孩子一同倒掉"。

（三）文化帝国主义对心理文化层的威胁

如果说全球化对物态文化层和行为文化层的影响既有负面的，也有正面的，那么其对心理文化层的影响则需要我们提高警惕。特别是当西方社会抱着冷战思维和文化帝国主义思想，对中国社会的价值观和意识形态刻意进行渗透、侵入和颠覆的时候。一旦心理文化层最核心的部分——文化认同受到威胁，那么文化冰山就存在着崩塌的危险。目前，作为中华民族文化核心的心理文化层面临以下几个方面的挑战：

1. 文化产业和国际影响力的"西强我弱"

文化全球化并不是很多人期待的多元文化平等交流与互动，而变成了以美国为代表的强势西方文化在世界范围内的不断扩张，以至于对发展中国家的文化安全构成挑战和威胁。在全球的文化传播中，以出版（图书、报纸、刊物）、广播、电影、电视、互联网为代表的文化产业担当着传播价值观、构建社会文化心理的重要职责。虽然中国的文化产业近年来有了长足的发展，但是和发达国家的差距依然很大，文化产业的国际影响力较低，创新能力偏弱。作为世界媒体霸主的美国，则以其高含量的文化内容、高比例的市场份额和大范围的文化影响力，占据着国际市场的绝对主导地位，一方面攫取经济利益，另一方面以全球化的名义对别国施加文化影响。

随着20世纪80年代经济全球化的发展，大型跨国传媒集团也开始出现。现在全球最大的前10家传媒集团有时代华纳、迪士尼、维旺迪、新闻集团、贝塔斯曼、维亚康姆+CBS、康卡斯特、NBC、清晰频道通信公司、索尼公司，有7个公司总部在美国。美国的媒体已经渗透到全球的主要国家和地区，媒体产品遍布世界各个角落，对世界事务与国际政治具有强大的影响力。美国拥有世界上历史最悠久、规模最大的通讯社之一美联社，还有合众社。这两大通讯社向全球的电视台、电台、报社及互联网等媒体发送新闻视频、音频、图片和稿件，是全球最大的新闻内容批发商。美国有线电视新闻网（CNN）面向世界各地全天候进行电视新闻报道。以好莱坞为代表的美国电影占据了世界电影一半以上的银幕。美国控制着互联网的传播，全世界的13台互联网根服务器中，1台主根服务器在美国，12台副根服务器中有9台在美国。由于英语是国际通用语，互联网上超过70%的信息是英文信息，而这些英文信息超过70%来自美国。"世界上有三分之一的消息来源于只占世界人口七分之一的西方发达国家；世界上每天传播的国际新闻大约80%来自西方传播媒介；西方发达国家流向发展中国家的信息量，是发展中国家流向发达国家的100倍。"（段鹏，2007：51）

近年来，中国的文化产业也得到了迅猛发展，从图3可以看出中国文化创意产业出口额从2009年开始迅速增长，从2009年的不到800亿美元增加到2014年的1900多亿美元。

不过，参考图4就会发现，中国文化创意产品的出口主要集中在设计作品和工艺品上，而出版、音像、影视等容易对文化心理层产生影响的出口产品占比很少。与美国等西方发达国家相比，中国在文化产业和国际影响力方面差距很大。

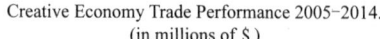

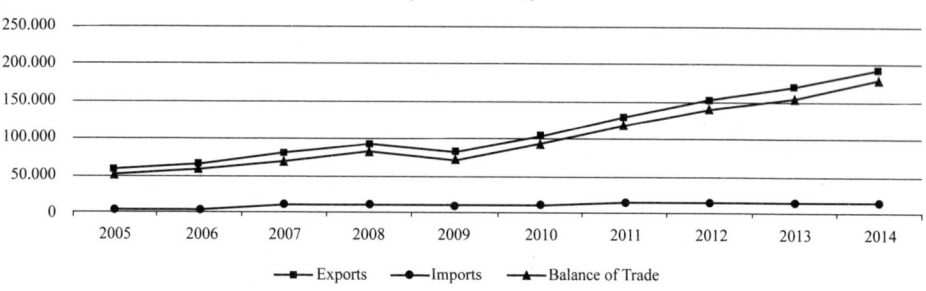

图3　2005—2014年中国文化创意产业进出口情况

（来源：联合国贸易与发展会议2018年发布的《创意经济展望》）

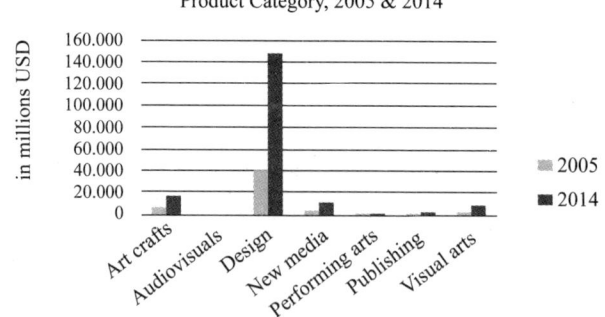

图4　2005—2014年中国文化创意产业出口种类情况

（来源：联合国贸易与发展会议2018年发布的《创意经济展望》）

2. 西方冷战思维对中国意识形态的敌对

冷战结束后，苏联解体、东欧剧变。世界上社会主义制度的国家中，中国成为西方一部分"死抱着冷战思维不放"的人眼中最大的敌人。1989年，福山提出了"历史终结论"，认为随着冷战结束，西方的自由民主制度已经取得了最终胜利，自由民主制度也许是"人类最后一种统治形式"，是"人类意识形态的终点"。2012年，福山又修正了自己的观点，指出"自由民主的最大挑战是中国模式"。

随着中国国力日益强盛，具有和西方不同意识形态的中国成为抱着冷战思维不放的西方人眼中巨大的威胁，"1993年围绕着世界银行以购买力平价（PPP）标准计算中国国内生产总值（GDP）而出现的中国经济实力排行世界第三位的报告，以及欧佛霍尔特（William H. Overholt）对中国未来有可能成为新的'超级大国'的断言，引发了冷战结束以来第一波的中国威胁论"（朱锋，2005：34）。此后，对中国抱有偏见的人开始变本加厉地炒作"中国威胁论"，把中国的崛起视为"洪水猛兽"。正是基于对"中国威胁"担忧的心理，美国在政治、军事、经济上总是找机会遏制中国的发展和强大，最近的中美贸易战也是其表现之一。以美国为首的西方国家在对待中国的态度上，带有浓厚的冷战思维和意识形态色彩，试图利用其强大的舆论工具和国际影响力来渲染"中国威胁论"，以遏制中国的发展。

另外，西方国家利用所控制的各种现代传媒工具抹黑中国的社会制度，把社会主义制度等同于"集权制度"，把中国社会贬低为没有民主、失去自由、侵犯人权的社会。肆意夸大中国社会的负面现象，而对正面的东西视而不见，以此来"妖魔化"中国的社会制度。

3. 西方"民主""自由"的"普世价值观"，对中华民族传统价值观的消解

中国的文化传统是一种集体主义文化，注重人的社会责任，无论是儒家思想中的伦理道德、道家的道法自然，还是儒家道家都认可的"天人合一"，都讲究的是人与人的和谐及人与自然的和谐，都要求社会中的个人把社会责任置于一己的私利之上。与中国的传统价值观不同，西方国家多强调个人自由，其核心内容往往是"民主、自由、人权、法制"的观念，注重个人权利。全球化带来的文化碰撞使得西方的价值观对中华民族文化传承造成了冲击，主要表现为对传统价值观的消解。

以"人权"观念为例，西方文化出于对个人主义的崇尚，强调个人自由、个人隐私、个人权利不可侵犯；而中国的观念中则强调集体人权是实现个人人权的前提和基础，为了维护国家、集体的利益，保障大多数人的人权，对个人权利进行一定的限制是必要的。中国的宪法有规定，公民在行使个人自由和

权利的时候，不得损害国家的、社会的、集体的利益和其他公民合法的自由和权利。

因为历史条件不同和文化传统不同，国情各异，中西方在人权观念上存在一些分歧是正常的。但是西方文化伴随着全球化大潮席卷而来，把西方人崇尚的西式民主、自由和人权当作唯一的"普世价值观"，对于和其价值观不同的其他观念一律视作异端、他者、"落后"。这种文化的强势透露出来的是文化帝国主义的霸权作风。经济全球化使世界各地的物质生活、生活方式乃至生活习惯逐渐趋同化，但是各民族的文化，特别是作为文化核心部分的心理文化层受到冲击的话，一个民族的文化安全则受到威胁。况且西方一些别有用心的人往往将文化问题政治化，例如在人权、民主等问题上实行双重标准，把"人权"当作武器，对中国进行诬蔑、攻击和丑化，从而达到推行文化霸权主义和强权政治的目的。

在西方文化的冲击下，中华民族的一些传统价值观被扭曲，上千年来深受推崇的"仁义礼智信，温良恭俭让"被人遗忘，拜金主义盛行。个人奋斗、追名逐利、追求物质方面的"成功"成为时尚，而本土价值观受到碾压，传统文化的内核被消解，文化价值传承体系被扭曲，民族文化生态遭到破坏。虽然民族文化的价值观念会随着时代的发展有所变化，但是处于心理文化层最核心、最基本的要素通常是永恒的，如果受到影响，则整体文化的安全就面临挑战。

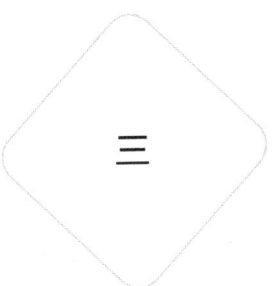

三

文化认同在文化安全中的核心地位

（一）文化安全的内外因分析

文化安全问题可以从外部和内部两个角度来看，从外部看，所谓文化安全就是一个民族的文化传承、文化价值观和意识形态不受到外部的威胁，可以自主传承、发展本民族文化的状态。从内部看，就是民族文化的凝聚力、自信心足够强大，可以产生足够强烈的文化认同，使得人民自觉地团结在一起，维护本民族的文化传统、价值观和意识形态。毛泽东在《矛盾论》中指出："外因是变化的条件，内因是变化的根据，外因通过内因而起作用。"如前所述，文化安全问题的出现也有其外因和内因。本研究认为，西方的文化霸权是造成中国文化安全问题的主要外因，文化认同危机是中国文化安全问题的关键内因。西方文化霸权通过文化领域的渗透来影响人们的价值观，并进一步影响民族的文化认同，从而威胁到中国的文化安全。

1. 文化安全的外因

总结民族文化安全所面临的外部威胁，主要来自以下四个方面：其一是文化全球化对中国传统文化的挑战；其二是西方文化霸权对中国社会主义意识形态的敌对；其三是消费至上主义对传统道德的腐蚀；其四是国际交往中各种偏见、误解对于和谐共处的威胁。

其一，数字时代是一个开放的时代，世界变成了"地球村"，各种文化在一个开放的空间中竞争、交锋、交流和交融。孕育了几千年历史的中华文明是以农业文明为基础的，讲究和谐共处，自成一体，与商业文明相比，中华文明的竞争意识和开放程度要弱一些。不过中华文明具有很强的包容性，其本身就由各个少数民族的文化和汉族文化相融合而成，只要不断优化和加强中华文化本身所带有的包容性基因，不仅可以在这个众声喧哗的多元文化世界中占有一席之地，更可以汲取众家之长，不断发展壮大自己。

其二，如前所述，以美国为代表的西方文化霸权一直对中国的意识形态抱有敌意，而文化渗透则是他们对中国进行对抗的一个重要手段。1999年，美国外交史专家弗兰克·宁柯维奇（Frank Ninkovich）在《文化外交》一书中写道："文化手段和政治、经济、军事手段一样，不但都是美国外交政策的组成部分，在大国间军事作用有限的情况下，特别是在现在核战争中无法严密保护本国不受报复的情况下，文化手段还成为美国穿越障碍的一种更加重要的强大渗透工具。"特别是苏联解体、冷战结束后，美国政府中仍然抱着冷战思维不放的人把社会主义中国看作其主要的对手，采取各种各样的手段和途径对中国进行文化渗透和进攻，这是威胁中国文化安全的主要外因。

其三，中国文化是在农耕文明的基础上发展起来的，提倡"黜奢崇俭"，与现代西方消费主义文化格格不入。当代西方消费社会中，消费的目的不是为了获得商品的使用价值，而是成为人们炫耀财富的手段，消费变成了支付能力的标志，变成了身份和社会地位的象征。随着经济全球化的发展，来自西方的消费观念对中国传统的道德观念造成了有力的冲击。如何既保持中国传统文化中积极的道德理念和价值观念，又与时俱进，以开放的心态对外来文化进行"扬弃"，吸收其中的进步因素，摒弃其负面影响，是摆在中国文化传播者面前的一个重大问题。

其四，世界各民族的文化都是在特定的生存环境中和各自的历史条件下形成和发展起来的，有着区别于其他民族文化的独特元素，同时也必然存在着其封闭和狭隘的一面。人们看问题的立足点往往在于本民族的文化，以本民族文化的标准作为一面镜子，去镜照异文化的生活和行为方式，其中的偏见不可避免。偏见在国际交往中屡见不鲜，可以说无处不在、无时不有，种族、地域、外貌、风俗、饮食等的不同都可能是偏见的来源。偏见弥漫在跨文化交流中，它影响着我们对异文化群体的观察和看法。正是各种各样的偏见给跨文化交流带来了误解，甚至敌意，破坏了不同文化的和谐相处，严重时会对文化安全产生威胁。

2. 文化安全的内因

中国的文化安全除了面临着外部威胁之外，其自身的发展也存在着一些问题，认清内部存在的问题，才能及时采取措施，防患于未然。分析文化安全的内部挑战，主要来自四个方面：一是文化多元化带来的文化生态失衡问题；二是腐朽落后文化的沉渣泛起；三是民族文化自信不足；四是文化分裂势力的挑战。

其一，文化多元化带来的文化生态失衡问题。中华民族的文化走过了数千年的漫长道路，作为中华民族传统文化核心的儒家思想有着强烈的包容性，把许多原本不同的思想流派都纳入自己麾下，从而形成了一种以儒家思想为主体、兼采诸子百家学说、大一统的一体性话语体系。然而，辛亥革命摧毁了儒家思想赖以生存的封建制度，经过五四新文化运动、新中国的建立、改革开放等一系列的冲击，中国传统的文化体系几近分崩离析。那些传统文化中的糟粕被冠以"封建主义文化"而涤除。在传统的一体性主导话语体系解体之后，新的主导文化还没能完全取代原来文化体系的地位，其结果是新的文化生态没有完全稳定下来。在多元文化重构文化生态时，必然会出现文化转型期的价值观摇摆和文化生态的失衡。

其二，腐朽落后文化沉渣泛起。在文化变革过程中，要涤除封建主义文化因素并不容易，传统文化中的精华和糟粕有时很难完全加以分割。相对于社会经济基础而言，文化具有相对独立性，封建主义意识形态不会随着封建制度的消灭而即刻消失，封建文化残余仍然存在着深远的社会影响，腐朽落后的文化有时会借助于某些"适宜的气候"卷土重来。例如腐败现象、封建迷信和黄色文化有时会死灰复燃，严重侵蚀中华民族的文化肌体，给中国的文化安全带来威胁。

其三，民族文化自信不足的问题。数字时代的地球成了"地球村"，各种文化思潮"你方唱罢我登场"。面对各种文化的冲击，有些人被强势而来的外来文化所迷惑，对自己的文化失去了自信，盲目崇拜西方文化，产生了"崇洋媚外"的思想。文化自信不足主要表现在对民族历史和文化的态度上，对民族文化不认同，甚至达到了妄自菲薄的地步。

其四，文化分裂势力的挑战。在某些别有用心的西方国家的支持下，有些人利用民族、宗教和历史问题来图谋分裂国家，形成了多股文化分裂势力。"台独"分子通过在文化教育上搞"去中国化""本土化",企图制造"文化台独"。他们妄图通过推行"主体论"来逐步提升"台湾意识",培养"台湾精神",最终从文化上切断台湾与祖国的联系,重塑台湾同胞的文化认同。"疆独"和"藏独"分子则以极端民族主义和文化原教旨主义作为文化分裂的武器,利用宗教进行渗透和破坏活动,企图达到分裂国家的目的。"港独"分子而是利用其被殖民的历史,妄图从文化上削弱与祖国的联系,在香港制造骚乱。这些文化分裂势力不约而同地采取了动摇当地人民对中华民族文化认同的手段,以期分裂国家。

(二)文化认同——文化安全的核心

通过探讨文化安全的外部威胁可以看出,不管是文化全球化对中国传统文化的影响、西方文化霸权对中国意识形态的敌对、消费至上主义对传统道德的腐蚀,还是国际交往中的不和谐,这些外因必须通过内因才能起作用,也就是通过外部影响,诱发内部的文化认同危机。通过分析文化安全的内因也可以看出,无论是文化生态失衡、腐朽落后文化死灰复燃、文化自卑,还是文化分裂势力的挑战,其核心也是文化认同危机。因此，文化认同是文化安全的核心。

文化认同指的就是个人对某个民族群体文化的归属感，其核心是对本民族文化中基本价值观的认同。美国心理学家亚伯拉罕·马斯洛（Abraham H. Maslow）认为，人类需求像阶梯一样从低到高按层次分为五种，分别是生理需求、安全需求、归属和爱的需求、尊重需求和自我实现需求（1943：370-396）。人是社会动物，归属需求是人的基本需求之一，每个正常的人都会从心理上把自己归入某个民族群体，对这个民族的文化产生认同。文化认同在文化结构中处于最中心的部位，是文化冰山的"核"。"对于一个民族来说，许多重要的物质与非物质文化遗产，如口传历史、表演艺术、风俗习惯、节庆礼仪等，都是文化认同的重要标志，是维系民族社群存在的生命线，一旦这样的生命线遭到毁灭性破坏，失去的不仅是文化生物链的有机性，而且是民族存在的全部文化基因的谱系依据。而这恰恰是人类历史上一些民族和文化灭绝的重要原因之一。"（胡惠林，2017：39）

1. 中华民族文化认同溯源

人类有四大文明古国，古巴比伦、古埃及、古印度和中国。如今其他的三大文明古国都已经淹没在了历史的尘埃中，只剩下中华文明历经数千载绵延至今。是什么维系了中华文明的生命力？有人说是汉语，汉语言从古至今一直在使用，是中华文化的重要标志；还有人说是传统的文史典籍，这些典籍记录和见证了中华民族的成长，是中华文化的重要珍宝。实际上，无论汉语言文字也好，文史典籍也罢，都是中华文明的承载物，是中华文明的外衣和饰品，而中华文明的灵魂还是其代代相传的传统价值观。中华文明不是封闭、僵化的文明，而是开放包容和不断发展创新的文明，这实际上就是中华文明传承数千年的奥秘所在。

公元前3000年左右，生活在黄河、长江流域的原始部落之间就通过战争、冲突、交融、交流使其文化意识得以传播，农耕文明的雏形由此逐渐形成。到夏、商、西周时期，汉民族已经逐渐发展出了本民族的共同文化意识，并呈现出一种"大一统"的特征。于是出现了"天下"的概念，在《尚书》几篇《周书》里已存在"天下"一词。"天下"指被中华皇朝的帝王主宰，由一定普遍的秩序原则所支配的空间。为天下中心的中国王朝直接支配之地域，被称为"夏""华""中夏""中华""中国"等，与周围的"四方""夷"等地域做出区别。不过，若这些地域接受中国帝王主宰的秩序原则，就被认可和接纳。具体范围上，"天下"一词有广义和狭义之分，狭义的"天下"等同于"九州"，而广义上"天下"指"九州+四夷"（张其贤，2009）。

可以说，"天下"概念的出现，标志着"大一统"文化意识的形成。"溥天之下，莫非王土；率土之滨，莫非王臣"（《诗经·小雅·北山》）的思想流传于世，成为王朝国家统一的思想基础。古代社会"家国天下"中的"天下"就是最高的文化认同，这种认同不仅仅包括中原地区的价值观念，也包括周边少数民族的价值观念。正是因为有了"中华"这个"大一统"的意识，之后虽然历经了春秋霸主们的割据、战国群雄的纷争、政权上"分久必合，合久必分"，但是文化意识上的"大一统"却始终深入人心。可见，文化的生命力有多么坚韧，它超越了政治、政权，维系着中华文明，使其延绵不绝。

中国历史上的"夷夏之辩"确立了中华文化的主体地位。"夷夏之辩"由来已久，早在《尚书·舜典》中就有"蛮夷夏"之辩。"夷夏之辩"涉及到如何辨别"华夏"与"夷狄"之间的差异及如何处理其关系，进而发展成如何处理民族关系的政治问题。儒家文化中的"夷夏"观偏重于对中原文化的肯定和宣扬，透露着"尊王攘夷"的正统观念，有着文化沙文主义的嫌疑。不过从另一方面看，这种从文化价值观上来区分"夷夏"，而不是从血统、种族上来分类的观念不是封闭的，而是开放的。孟子在说到舜帝和周文王时说道："舜生于诸冯，迁于负夏，卒于鸣条，东夷人也。文王生于岐周，卒于毕郢，西夷人也。地之相去也，千有余里；世之相后也，千有余岁。得志行乎中国，若合符节。先圣后圣，其揆一也"（《孟子·离娄下》）。舜、周文王这些君王原来也是夷人，但他们的言行合乎中华礼仪，所以也都成了圣人。到南朝刘宋、萧齐时人顾欢所撰《夷夏论》专门探讨中国的儒、道和外来的佛教之间的对峙，在客观上促进了儒释道三教合一。

魏晋南北朝时期是一个割据分裂的时期，同时又是民族大融合的时期。由于气候变冷，北方草原越来越不适合生产生活，北方的游牧民族开始南徙。北方民族匈奴、鲜卑、巴氏、羯、羌等逐渐进入中原，灭亡西晋，建立自己的政权，史称"五胡乱华"。一方面，北方民族进军中原，战火纷飞，杀戮不断，给中原汉族人民的生活带来了很大动荡，对中原传统文化造成很大破坏。另一方面，进入中原之后，少数民族开始学习中原文明，融入汉人文化，例如，孝文帝改革，去鲜卑之习，仿中国之制。其结果是促进了民族文化的融合，对中华民族的形成有着重大意义。百余年之后，匈奴、羯、巴氏、河西鲜卑等民族都已不再，而是同化成为汉民族的组成部分。这些少数民族的融入，为中华文化的发展提供了新鲜血液，使中华文化更加兼容并蓄，生机盎然，为以后唐宋的文化大繁荣奠定了基础。

元朝是第一个由非汉族统治全中国的朝代，其合法性遭到了质疑，"夷夏之辩"又掀高潮。元代的学者郝经为元代统治者辩护："圣人有云，夷而进于中国，则中国之，苟有善者，与之可也，从之可也"，认为少数民族入主中原，只要其努力吸收儒家礼义文明，不破坏中华文化的核心价值观，那么其政权就可以看作是正统的。元朝统治者内部的有识之士也主张"效汉法""行中国之道""以儒治国"。忽必烈登基，取国号为"元"时就明确指出这是"法《春秋》之正始，体大《易》之乾元"（《元史·世祖一》）。后来，元朝皇帝还加封孔子为"大成至圣文宣王"（《元史·武宗一》），并在全国各地建立文庙。不过元代统治者毕竟对儒学文化没有很深入的了解，这也许是其统治不长久的原因之一。

清朝作为又一个少数民族入主中原的王朝，在中华文化认同构建方面扮演了重要角色。在刚进入汉地的时候，努尔哈赤极力排斥汉文化，禁止满人"服汉人衣冠，忘本国语言"，使用一切暴力手段去控制被征服地区的民众，以确保其征服战争的成果，但他激起了强烈的民族反抗。皇太极汲取了努尔哈赤的教训，开始主动适应被征服地区的文化，模仿汉人制度，重用汉人为自己的征服大业服务。"清朝在不同程度上汲取了汉人包括朝鲜的儒家文化、蒙古的游牧文化等，形成了多元的混合型文化。"（刘凤云，2016：1）到了康乾年间，统治者更是深感儒家思想对其统治的意义，从《康熙字典》到《四库全书》，大规模搜集、整理传统文化经典，并督促满族人、蒙古族人积极学习和吸收汉文化，大大地促进了民族融合，在构建多元一体的中华民族文化认同方面起了很大的作用。

随着历史的发展，中华民族多元一体的文化特点越来越突出，元明清时期国家统一状态持续600多年，大一统的意识早已植根于中国社会各个阶层的心中。而且元清统治者更是给中原带来了少数民族文化，促进了多民族文化融合。继往开来，在近代出现民族危机的时候，梁启超提出了"中华民族"的概念，"中华民族自始本非一族，实由多数民族混合而成"。"中华民族"的提法赢得了中华各民族群体的赞成和支持，表达了全体中国人民的共同愿望，因为中国境内的各个民族群体在长期的交往、交流和交融的过程中，已经在朝着"多元一体"的方向发展。孙中山先生借鉴梁启超"中华民族是由多民族混合而成"的观点，提出"合汉、满、蒙、回、藏五族为一人"的"五族共和"观点，号召全国各族人民团结起来，共同创建一个新的共和国。中华人民共和国成立后，国家一直在努力构建各民族共同的文化认同，促进民族大团结。费孝通在《中华民族的多元一体格局》一文中提出"中华民族多元一体"理论，指出："中华民族作为一个自觉的民族实体，是近百年来中国和西方列强对抗中出现的，但作为一个自在的民族实体则是几千年的历史过程所形成的……它的主流是由许许多多分散存在的民族单位，经过接触、混杂、联结和融合，同时也有分裂和消亡，形成一个你来我去、我来你去，我中有你、你中有我，而又各具个性的多元统一体。"费孝通先生认为，中华民族有一个凝聚核心，这个核心分几步形成，第一步是华夏族团的形成，第二步是汉族的形成，也可以说是从华夏核心扩大而成汉族核心，第三步是秦统一中原，北方游牧区出现匈奴的大一统局面，然后两个统一体相汇合。而众多民族、民族集团等各个层次的群体组成了中华民族的多元结构。

总而言之，生活在中华大地上的各个民族经过了几千年的交流、冲突、融合，形成了多元一体的大一统民族，这个民族有其核心价值观和多元多样的文化习俗，在文化上形成了历史和文化发展的相互交融与不可分割的中华民族共同体，最终达成中华民族的文化认同。而近百年来，中华民族的文化认同通过中国与西方列强的对抗，从文化自在转向文化自觉，已与中华民族结成相互依存、统一而不能分割的整体，具有了大一统的民族认同意识，同呼吸，共命运。

2. 中华民族文化安全问题的由来

中华民族文化在历史上形成了多元一体的格局，这是一个相对稳定的结构。几千年来，中华民族以汉族的农耕文化为核心，形成了一种兼容并蓄、随和包容的体系。儒家文化讲究"中庸之道""和而不同"，对于这个大的民族文化共同体内部各个民族来说，这个文化共同体是较为开放的，因为作为其文化核心的汉族文化本来就是中原农耕文化融合了草原各个部族的游牧文化而形成的，包容性是其重要特征。这种农耕文明是一种非扩张的文明，中国封建社会的广大农村地区以自给自足的小农经济为主。夏保成认为，这种非扩张性"同中国相对封闭的地理环境有关，西部是山脉，东部和南部是大海，唯有北部是畅通无阻的草原，成了中国历代统治者的一块心病：从秦朝到明朝，从未间断修建用来防御外敌入侵的长城。长城说明了中国文明是一个内向型文明，中华民族只有防御心理，没有扩张意图"（1999：178）。这种内向型非扩张文明一旦形成，经历了几百年的稳定发展，由于缺乏对外交流，就变得封闭僵化了。

在自给自足的农耕社会，几千年来，儒家文化在中国占据着统治地位，文化安全不是什么问题。在漫长的岁月里，虽历经沧桑，中华文化的核心部分却相当稳固。中国的封建统治者认为自己的文化是"放之四海而皆准"的普世文化，自己所处的土地就是世界的中心——"天处乎上，地处乎下，居天地之中者曰中国，居天地之偏者曰四夷，四夷外也，中国内也"（石介，1984：116）。正如马修·梅尔科（Matthew Melko）所说："一个强大的中央政府，通过维持既有体系，杜绝正常变化，就有可能使其文明长久存在下去，但这样的文明会缺乏生机……其创造力会枯竭……。"（2017：32）

鸦片战争的炮声打碎了封建统治者"天朝大国"的梦幻，让中国人不得不睁开眼睛来看世界。清朝末年，封建统治者夜郎自大，故步自封，他们对外界一无所知，也不想了解，竭力限制对外经济和文化的交流，对于西方先进的科学技术和思想文化深闭固拒。这种闭关锁国的政策严重地阻碍了中国社会的发展，导致了近代中国落后挨打的被动局面。马克思在其著作《中国革命与欧洲革命》中对此根源进行了阐释："与外部世界完全隔绝是保存旧中国体制的重要条件，当这种隔绝状态通过英国发动的战争用暴力打破的时候，旧中国面临的必然是社会的分崩离析，正如保存在密闭棺材里的木乃伊一接触新鲜空气便必然要解体损毁一样。"

"鸦片战争是近代中国文化安全问题形成的标志。"（包仕国，2007：85）随着鸦片战争的炮声，"西方的强势文化，第一次搭乘着资本的力量强行侵入中国的文化版图"（胡惠林，2006：5）。中国的知识分子对西方文化的入侵感受颇深。李鸿章在奏章中感叹道："合地球东西南朔九万里之遥，胥聚于中国，此三千余年一大变局也。"李鸿章言之有理，鸦片战争是近代史上中华文化所经历的第一次大动荡。在西方文化的冲击下，原来天经地义的事情一下子变得不再合乎情理，曾经理所当然的东西也被打满了问号。西方文化的入侵让中华民族文化安全的问题凸显。

中华文化近代史就是一部文化侵略与反侵略的历史。中华文化的现代转型并非出于内生的需求，而是在外来文化强迫下进行的。得益于帝国主义的侵华战争，西方的强势文化从外部用强力改变了中华文化的发展节奏，改变了中华文化的生存机制与发展环境。胡惠林指出，"西方文化对于中国文化的入侵带有明显的殖民主义特点，构成对于中国的文化安全危机的恰恰就在于他的殖民主义性质"（2006：6）。列强通过传教、办学校、办报纸等手段来改变中国人的观念。英国的一位牧师曾对英国总商会的人说："你们只需节省几分钟广告费，就可以在中国办十几个大学，教育中国人。广告不能说话，效力还小，若办学校，他们读的是英国书，说的是英国话，识的是英国的事事物物，这才是最好的广告。"（李楚

才，1987：597）

西方文化破门而入，极大地打击了中华民族的自尊，改变了人们的文化认同。中国传统的文化价值观和思维模式遭到了质疑，持续了几千年的生活方式受到责贬，社会上崇洋媚外之风盛行。文化上有人主张全盘西化，完全抛弃中华文化传统；也有人对西洋文化一概拒之门外，比较极端的例子如义和团运动，不仅反对洋人、洋教，还反对一切和西洋文化有关的东西，包括铁路等近代科技。顽固派、洋务派、维新派之间的斗争纷繁复杂。戊戌变法是一次文化自救的尝试，可惜以失败告终。

可以看出，鸦片战争带来文化动荡的原因是清政府闭关锁国的政策使得本民族的文化变得僵化，失去了创新的动力，失去了生命力。在外来文化的冲击下，人们的文化认同出现了危机，导致文化主权受到侵犯，中华民族的文化安全从而遭到了严重威胁。西方文化乘坐炮舰轰开了古老帝国的大门，中断了中国社会的发展进程，也打乱了中华文化四平八稳、缓缓流动的节奏。"中国向何处去？"成为中国知识分子不得不面对的问题。

20世纪初的新文化运动举起了"科学、民主"的大旗，猛烈抨击封建礼教，反对旧文化。用胡适的话来说，这是一场"中国的文艺复兴运动"，是"一场自觉地反对传统文化中诸多观念、制度的运动，是一场自觉地把个人从传统力量的束缚中解放出来的运动"（1998）。由于封建传统根深蒂固，不易撼动，一些知识分子采取了一些激烈的做法，提出了"打倒孔家店"的口号。因为他们知道："夫矫枉必稍过正，而其结果仅乃得正。""吾恐吾国诸事既枉之程度已深且固，虽矫之甚过于正犹不能正之也。"（胡哲谋，1917）不过新文化运动的目的并不是全面否定传统文化，而是要对其进行改变和创新，使中华文化恢复生命力和创造力。"新文化运动的最大贡献在于破坏和扫除儒家的僵化部分的躯壳的形式末节及束缚个性的传统腐化部分。它并没有打倒孔孟的真精神、真意思、真学术，反而因其洗刷扫除的工夫，使得孔孟程朱的真面目更是呈露出来。"（贺麟，2011：12）

新中国建立之后，传统文化中的糟粕被进一步清理。毋庸置疑，汉武帝之后2000余年，作为中国传统文化主体的儒家文化是和封建制度密切相关的。在漫长的历史进程中，儒家文化也确实起着维护封建统治的政治作用。然而，随着时代的发展，儒家文化赖以生存的基础发生了动摇和变化，儒家文化已经不再是主流文化，其对中国民众的影响则是以历史传统的形式潜移默化地影响着人的生活方式、行为习惯和价值观念。"文化大革命"的狂飙骤起，传统文化被吹得七零八落，飓风过后，满地狼藉。经历了十年浩劫的人们在恢复生产、解决了温饱问题之后，突然发现自己的精神家园已经残破不堪。很多人感觉失去了精神寄托。社会上诚信缺乏，责任感、正义感虚弱，事业心、同情心、包容心淡薄。随着全球化带来的消费主义盛行，拜金主义、享乐主义和极端个人主义开始泛滥。中华文化的心理文化层受到冲击，传统价值观面临挑战，文化认同有所动摇，文化安全遭受威胁。

（三）文化认同的构建

1. 文化认同的构建性

尤瓦尔·赫拉利（Yuval Harari）在《人类简史》中谈及人与动物的区别时说道："人类和黑猩猩之间真正不同的地方就在于那些虚构的故事，它像胶水一样把千千万万的个人、家庭和群体结合在一起。"（2017：38）"文化认同"恰恰就是赫拉利所说的由"人类共同想象"所构建的"虚构故事"之一，也就是把一个个的个体黏合到一起，形成文化群体的胶水。

人是社会动物，每个人都有归属于某一群体的需求。在马斯洛提出的人类需求金字塔中，处于生理需求和安全需求之上就是归属需求。一个群体中的个体由于共同的生活经历，产生了共同的认知，这些群体的共同认知构成了文化认同的基础。一个民族千百年来的共同想象构建了其文化冰山的核心部分——文化认同，包括共同的归属感、共同的价值观、共同的生活方式以及共同的语言文字等。

随着历史的发展，经过一代又一代人的努力，一个民族文化的共同点越来越多。共同的历史、共同的思维方式、共同的风俗习惯等都使得文化认同越来越强。这种民族的文化认同和国家认同是密不可分的，也是爱国主义产生的一个重要根源。纵观中国几千年的历史可以发现，任何时代的爱国主义中最重要的部分就是对中华民族文化的认同。"认同是一个记忆问题……每种社会群体都有该群体的独特记忆，群体以此为基础进行繁衍和发展。集体记忆可以强化为国家记忆或国家凝聚力。因此，我们只有凭借集体记忆，借助共享传统文化，借助对共同文化和共同历史的记忆和认识，才能够保持对国家认同的凝聚性。"（熊可，2016：157）

文化认同是人类发自内心的一种"自愿"的心理活动。这种"自愿"来源于从小到大的家庭教育、学校教育和社会教育，绝不是"强制"的结果。正如卢梭在《社会契约论》中所说："即使是最强者也绝不会强得足以永远做主人，除非他把自己的强力转化为权利，把服从转化为义务。"（1980：12–13）卢梭所说的"转化"手段，实际上就是认同的构建。

经过一代又一代人的构建，民族文化已经凝聚成了以文化认同为核心的巨型文化冰山。根据荷兰人类学家霍夫斯泰德（Geert Hofstede）的文化维度理论，东亚文化属于集体主义倾向的文化，注重群体成员的利益，强调社会的整体性和统一性，认为世间万物是相互依赖的，应当和谐发展。个体的利益建立在集体利益的基础之上，因此集体利益应当高于个人利益，群体负责保护个人，而个人要对群体保持忠诚。在这样一种集体主义价值观的熏陶下，东亚人的民族文化认同和国家认同一般会比西方人更加稳固。但是，随着全球化的发展，西方个体主义的价值观逐步蔓延到了全世界。西方的个体主义价值观所注重的是自我发展，认为个人独立、平等自由应当放到重要的地位，强调的是个人奋斗。随着数字时代的到来，个体的独立和自由越来越凸显。相对于书刊报纸、广播电视等大众媒体而言，互联网和新媒体的出现重构了人们的社会生活，使人的个性得以史无前例的张扬，强调以个体为中心，关注个体基础上的平等。在互联网的虚拟世界中，现实生活中的特权、等级、地位、财富等身份标识都失去了效能。个体可以在互联网上平等地获得信息、查询资料、寻找交流对象、发表自己的观点。

数字时代，个人与社会的互动关系发生了变化，个人地位逐渐提升，其影响社会力也有所提高。

毋庸置疑，个体意识的提高增强了整个社会的活力和创新性。不过，过度地强调个体、个人，就淡化了集体意识，淡化了对群体的认同，进而对民族文化认同有了负面的影响。这时，文化认同的构建就被提上了日程。

如果公民的个体性被过分强调，其公共性在社会整体层面被忽视时，那么合法性就缺乏规范的途径，将公民的意见汇集成为共同意义上的同意。此时，就必须利用外界的力量来干预，构建这种社会整体意义上的认同，否则共同体就会面临分裂的风险（赵滕，2017：3）。

2. 文化认同的构建过程

人出生之后生活在特定的文化中，会本能地对身边的家人、族群产生一种归属感。这样一来"我"就变成了"我们"，那些不同于"我们"的人就成了"他们"，这种对于"我们"和"他们"的区分是身份认同的第一步。但是这种感性认知会受到交流的局限，很难想象一个人有能力对一个文化群族的个体都认识、都有交往。对于那些并不能直接交往的本文化群族中的人，要想使他们成为"我们"，成为一个共同体，拥有确认共同文化身份的独特性，就只能依赖共同体的集体想象。这种想象强调了共同体中个体的共性，忽略了个体间的差异。共同体的集体想象是一个文化群体中主体间的行为，群体内成员通过神话传说、历史故事、语言行为、风俗习惯等文化活动，把共同体中有共性的事物强化为这个文化群体的集体表征。这种表征就是话语体系，正是这样的话语体系构建了人们的文化认同。话语体系不仅构建人的文化认同，还在不断维持和强化着这种认同。

另外，这种共同体的想象不仅仅是群体内部成员的"自我想象"，同时也得到了群体外其他文化群体"他者想象"的确认。例如，中华民族通过集体想象把龙确定为我们民族的图腾，这个图腾不仅在中华民族内部有共识，其他民族也有共识，认为龙是中华民族的图腾。于是，"中国龙"的认知就构建完成。人类是社会动物，是在交往中确认"自我"和"他者"的，所以"他者"的确认在身份认同中起着至关重要的作用。不过，有的时候"自我想象"和"他者想象"是有差异的。美国学者萨义德指出，"东方主义"其实就是西方的"自我"对东方"他者"的一种想象。这种"东方主义"的想象和"东方人"的自我想象或自我认知大相径庭，西方的话语构建者把自己的价值体系强加到对东方的想象中，与西方的"文明""理性""先进"相对立，东方则充满了"野蛮""非理性"和"落后"。西方话语构建的"东方"并非真实意义上的东方，但是，在西方强势话语面前，东方无力发出自己的声音，无奈地处于失语状态，任其被想象、被构建。由此可见，文化认同的构建包括两个方面：一是"自我"共同想象的话语构建，二是"他者"想象的话语构建。

再者，文化认同形成之后并非一成不变，而是随着认知的提高不断发展和变化。因此，文化认同的构建也是一个动态的过程。一个人现时的文化认同离不开历史的记忆，且与他的生活经历和认知经历密切相关。同样，现在的经历和认识也会为将来的文化认同打下基础。在传统的文化环境中，个人往往自始至终生活在同一种话语体系中，始终接触的是这种话语体系内包含的价值观念。同一话语体系在不断反复强化人的文化认同，其结果是，文化认同危机出现的概率很小。而当今的数字时代，人生活在"地球村"中，被各种各样的话语体系所包围。人的认知是被话语体系所构建的，与过去被同一种话语体系反复强化自己的文化身份不同，数字时代的人们可以游离于各种话语体系中，从而生活在各种文化交织的世界中，其认知也被各种话语体系所构建。有些人的文化认同开始动摇，现在所接受的思想价值观和潜意识中的本民族文化价值观相互冲突，出现了文化认同危机。

简言之，第一，文化认同的构建过程是一个动态、反复的过程，需要不断强化和确认；第二，文化认同的构建不仅需要内部成员的自我确认，同时也需要外部群体的强化。

3. 出版话语对文化认同的构建

出版传播以语言符号为主要媒介，在文化认同的构建中起着无可比拟的作用。与图片、视频等传播媒介相比，语言符号属于人类高级的心理机能范畴，对于个人文化观念的形成有着重要的影响。

数字时代，"读图"似乎成了主流。影像技术和网络技术的发展，使得图像和视频的数量急剧增加。图像和视频吸引着受众的视线，集中着大众的注意力，挤压着文字的生存空间，视觉文化因其浅显和通俗的特征迎合了大众消费的口味，现代社会仿佛一下子进入了"读图时代"。波德里亚（Jean Baudrillard）说："正如狼孩因为跟狼生活在一起而变成狼，（在消费社会中）我们自己也慢慢地变成了官能性的人了。"（2001：2）。视频图像的感性和直观属性使其与快感文化和消费文化之间产生了某种联系，影像技术的迅速发展为满足消费社会空前扩张的视觉欲望提供了可能性。

但是，比较一下"读图"和"读文"不难发现，线性和抽象的语言符号为读者留下了思考的空间；而影像则是感性直观的，给观众带来的主要是感官的愉悦。如果说文本阅读给人提供的是一种体悟和熏陶，对于语言的默想是灵魂深处的反思，那么影像观赏主要激发的是欲望，满足的是感官新奇和刺激。因此，读图是一种浅层次的阅读，而语言符号的阅读才是深层次的阅读。文化认知的改变和文化认同的培养需要的是深层次的阅读，几千年的历史赋予文字深厚的文化底蕴，读者会在与语言文字的互动中产生思想，创造意义。掩卷深思，往往带给人思想的启迪和灵魂的洗礼。而关掉屏幕或合上绘画，通常只剩色泽光鲜的幻象在受众的大脑中游荡。

出版传播"主要以语言文字的符号形式出版一切的认识（认知）成果、知识成果、思想成果、文化成果及理论成果"（田建平 等，2008：103）。心理学和语言学的研究都表明人类的思维和语言关系密不可分。语言不仅仅是思想的外衣、表达的工具，实际上，语言更是思维的重要工具，影响着人类的认知。语言学家洪堡特（Wilhelm von Humboldt）指出："语言参与了观念的构成。在观念的活动中，语言并不只是被左右的角色，也影响着概念的形成。"（2001：232）萨丕尔（Edward Sapir）进一步认为："语言和我们的思路不可分解地交织在一起，从某种意义上说，它们是一回事。"（1921：195）萨丕尔的学生沃尔夫（Benjamin Lee Whorf）在经过对比美洲印第安霍皮人的语言和其他语言之后，在萨丕尔研究的基础上形成了萨丕尔–沃尔夫假说，提出一个人的语言决定了他如何看待世界，也就是说语言决定人的思维方法。萨丕尔–沃尔夫假说虽然在学术界引起了争议，但是把语言在观念形成中的作用问题摆在了研究者面前，即使不完全同意萨丕尔–沃尔夫假设的语言学家也承认语言在人类观念的形成过程中扮演着至关重要的角色。苏联心理学家维果斯基（L.Vygotsky）把人的心理机能按其复杂性和中介性分为低级和高级两类。低级心理机能指那些动物性的心理机能，如感觉、知觉、机械记忆、不随意注意，以及直观动作思维、情绪、冲动性意志等心理过程，这些是人和动物共有的心理机能；而高级心理机能则是在低级心理机能的基础上发展起来的，为人类所特有。它包括逻辑记忆、随意注意、预计性意志、抽象思维等，是社会文化历史发展的产物，它以语言为中介，具有抽象概括和可以随主体的主观意向而进行随意构造的特点（肖少北 等，2000：106–110）。

与图片、视频等传播媒介相比，语言符号属于人类高级的心理机能范畴，对于个人文化观念的形成有着重要的影响。出版传播正是以语言符号为媒介，通过语言符号直接作用于人的思维深处，影响人的认知。人类的文明之河源远流长，如果把各种传播媒体都比作文化河流的话，出版传播之河中流淌着的文化之流是"直接饮用水"，其水质的好坏对于国家文化肌体的健康至关重要。

四

国际出版对于
文化安全的构建

（一）数字时代国际出版的新形势

数字时代，媒体技术日新月异，给各行各业都带来了翻天覆地的变化，首当其冲的是传统出版业。按照麦克卢汉对人类传播史的阶段划分，数字传播是继口头传播、文字传播和印刷传播之后电子传播时代的最新时期。新技术不可避免地要挑战传统产业，数字文献成本费用低、出版周期短、编辑使用方便、无须印刷、容易实现资源共享和远程传输，这些独特的优越性势必对纸质的书报刊市场造成强烈冲击。2004年，美国国家艺术基金会发布的一篇报告指出，与20年前相比，阅读小说、诗歌等文学作品的成年人减少了20%。英国《独立报》1990年发行量超过40万份，到了2008年发行量跌至25万份，2016年纸质报纸停刊。国内报纸停刊的也不少，2016年，《今日早报》《都市周报》《九江晨报》《天天商报》等停刊，2017年，《京华时报》和《东方早报》停刊，整体转型新媒体业务。2018年，《北京娱乐信报》《球迷报》《大别山晨报》《皖南晨刊》《白银晚报》《台州商报》《湘潭晚报》《渤海早报》《假日100天》等停刊。一时间，"报纸消亡""图书消亡""印刷还能撑多久"等声音不绝于耳。

近年来，数字文献呈几何级数增长。然而，一个有趣的现象出现了，数字文献迅速增长的同时，纸质文献的出版发行数也开始"止跌企稳"。美国《新闻周刊》创刊于1933年，20世纪90年代初全球发行量达330万份，但在数字化的冲击下发行量持续下滑，2010年降至150万份并易手，与美国"野兽日报"网站合并，2012年底出版最后一期纸质刊物后停刊。然而到2014年，《新闻周刊》的纸质版又复刊了。2010年左右是纸质期刊的谷底，据"Mediafinder"网站提供的美国杂志创刊与停刊数据，杂志倒闭的高潮是2008年和2009年，分别有525种与428种杂志停刊。不过，从2010年起，杂志的停刊潮势头逐步减缓，新杂志种数逐步上升，2014年有193种杂志创刊，随后几年，杂志的种类每年都是正增长。在欧美社会，火车、地铁、车站、机场等公共场合，手捧纸质图书杂志阅读的不仅仅是中老年人，年轻人阅读纸质书刊的人数也要多于电子阅读的人数。早餐时间依然是欧美人读报的时间。整个社会的纸质文献虽然已经不能像20世纪那样"一统天下"，其市场占比受到了电子阅读的冲击，但是其绝对数量并未减少，而是在平稳增长。原先人们预测的"无纸社会"并未到来，纸质文献依然是人们社会生活中重要的信息来源。在欧洲出版市场，纸质书仍然是出版市场的主流，文学图书是产业中坚（张晴，2020：12）。根据出版业的统计数据，2018年西班牙纸质图书销售额呈现平稳态势，基本维持在26亿美元左右；在丹麦，2018年纸质图书仍然占据图书出版市场的主要地位，占丹麦总出版量的66.2%；捷克电子书占整个图书市场份额也很少，纸质书是出版市场的主流。据西班牙出版商联合会和尼尔森图书调查公司（Nielsen BookScan）提供的两份2018年度畅销书榜单，居于畅销书前10位的均为文学类图书。丹麦作为全世界幸福指数最高的国家之一，盛产诗歌和小说，其国民也十分热衷文学类作品。据丹麦统计局的数据，2018年丹麦出版的18444种大众类图书中，文学类图书占总数的42.1%；就发行量而言，小说占到出版物总发行量的87.4%。根据皮尤研究中心的研究报告，2019年，美国人中有37%只读纸质书，不读数字出版物，而有28%的人是纸质书和数字书兼读，仅有7%的人只看数字图书。可以看出，纸质书依然是美国读者最钟爱的读书方式（见图5）。

从图中可以看出，数字技术的发展并没有消灭传统的阅读方式，而是为人们提供了更多的阅读选择，使得人类的阅读途径更加多元化。国际出版市场的竞争也从原来纸质文献出版的竞争转到了数字出版和传统出版等多方位的竞争。实际上，把出版界的数字革命理解成用数字出版取代传统出版是一种过于狭隘的认识。数字化技术在出版领域的发展推动，绝不仅仅在于数字出版，其对纸质出版，对出版的编辑、设计、印刷、

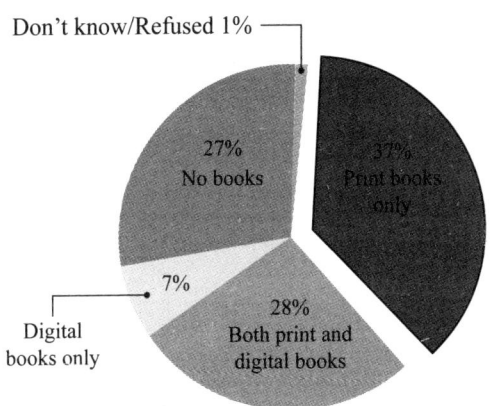

37% say they only read print books
*% of U. S. adults who say they have read____
in the previous 12 months*

Don't know/Refused 1%

27%
No books

37%
Print books
only

7%

28%
Both print and
digital books

Digital
books only

Note: The "digital books" category includes both e-books and
audiobooks.
Source: Survey conducted Jan. 8-Feb. 7, 2019
PEW RESEARCH CENTER

图5　2019年美国读者阅读调查

（来源：皮尤研究中心报告）

排版、发行等各个环节都产生了重大影响，促成了一种多元共存的局面。从出版物市场来看，专业出版市场的数字化程度最高，作为全球专业出版领头羊的励讯集团70%以上的收入来自其数字产品。教育出版的数字化程度次于专业出版，而大众出版的数字化程度较低。国际出版市场历经了数字化革命的洗礼之后，已经形成了纸质出版物、数字出版物、音像产品等各种各样的出版产品多元共存的格局。

为了顺应阅读多元化的发展趋势，许多世界出版巨头都采用了多元化的发展战略。例如，作为全球第一大出版商，培生集团就采取了多元业务齐头并进的发展模式。培生集团的主要业务分布在图书杂志的编辑、出版、印刷和发行方面，旗下拥有培生教育、金融时报和企鹅出版三大集团，分别在教育书籍、商业和政治新闻及大众读物领域领先全球出版市场。培生集团深刻地认识到，数字化革命绝不仅仅意味着最终出版产品形式的数字化，而是对集团的整体运营和生产过程的大变革。为了应对数字革命的挑战，培生集团近年来先后收购了国家计算机系统（NCS）、远程在线教育机构"eCollege"等具有数字技术优势的大小企业。另外，培生还和谷歌、微软、IBM等世界级的大企业在人工智能、虚拟仿真等领域展开合作。除此之外，培生还积极进行自主技术开发，提高企业的数字化水平，从而确立了其在虚拟学校（Virtual schools）、在线课程管理（online program management，OPM）、职业资格认证（professional certification，VUE）、英语学习课程（English language learning curriculum）等方面的世界领先地位。除了强化在全球教育出版市场的领袖地位之外，培生集团还通过收购企鹅出版，在全球的大众出版领域也成为举足轻重的巨头。培生旗下拥有许多不同类型的公司，通过许多不同品牌和类型的产品向用户提供多元化的服务。

（二）文化认同的话语构建层面

按照马斯洛的需求层次理论，无论什么群体中的人类都有着同样五个层次的基本需求，由低到高依次是生理需求（Physiological needs）、安全需求（Safety needs）、情感归属需求（Love/Belonging needs）、尊重认可需求（Esteem needs）和自我实现需求（Self-actualization needs）（见图6）：

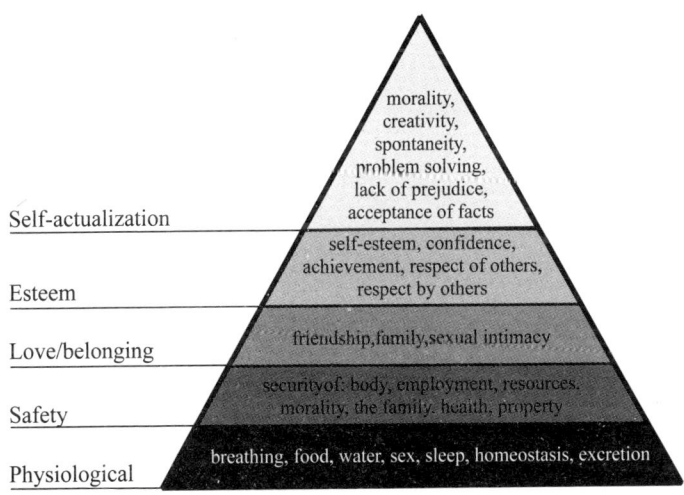

图6　人的基本需求金字塔

（来源：A. H. Maslow, 1943. "A Theory of Human Motivation", *Psychological Review*, No.4, pp. 370−396. ）

共同的需求是不同的人类群体可以相互交流、相互理解的基础。但是，不同的社会群体实现需求的方式和路径不尽相同，由此产生了不同的文化。

所谓文化认同，其基本内涵就是个人对特定的社会文化的确认，也就是要回答"我是谁？""我从哪里来？""我要到哪里去？"这些人生的基本哲学问题。文化是人类习得的一套关于信仰、价值观念、习俗和行为规范的体系，社会成员利用这个体系互相交往，并通过学习代代相传。认同即对自我归属于某一文化体系的确认，是人类五个层次基本需求之一。杰弗瑞·威克斯（Jeffrey Weeks）认为，认同即你和一些人有何共同之处，以及你和他者有何区别之处。从本质上来讲，认同给人一种存在感，它涉及个体的社会关系，包含你和他者的复杂牵连（1990：188）。

文化认同主要是指对于自我归属于某个文化群体的心理确认。个体自我认可某文化群体共同的信仰、价值观、习俗和行为规范，并自发地对所归属群体的认知、相伴随的情感及行为模式进行整合，在不知不觉中以这个文化群体的观念为标准，对周围环境做出判断。

不过文化认同的心理确认不是凭空产生的。首先需要客观条件，例如一个人出生的种族、家庭、生活的环境、所接受的教育等都是产生文化认同的客观基础。文化认同的形成和强化是一个在客观条件基础上不断建构的过程。这是因为文化认同不是与生俱来的，而是个体在社会生活实践中逐步形成并不断加以修正和变化的心理认知。西方启蒙运动的思想家们认为，人是具有理性的，是一个具有独立意识和完全行动能力的统一主体，这个主体具有同一性，其行为具有基本的连续性。这一主体的核心就是"自我意识"。

现代主义思想家们则认为，作为主体核心的"自我"不是自然而然形成的，其形成必须要有主体与"重要他人"的互动。正是在这种互动关系中，主体学习到了符号的意义、价值观念、行为模式等等其所在世界的文化，从而形成了"自我"观念。符号互动理论认为，身份是在自我和社会之间的"互动"中形成的。米德（George Herbert Mead）把"自我"形成和发展分为三个阶段：第一阶段是准备阶段，儿童无意识地模仿他人，对符号和意义缺乏理解；第二阶段是模仿阶段，儿童学会了扮演他曾模仿过的某个"重要他人"，并从对方的视角来看待自己；第三阶段是社会角色扮演阶段，个体把自己扮演为某个角色，能从几个"重要他人"的角度来看待自己，并把他们概括为一个"泛化他人"。"泛化他人"可以看作是文化群体的期待。主体的核心"真正自我"是主体在与外部世界文化的相互作用中形成并不断得以修正的。"身份"是个人内部的"自我"和外部社会之间的桥梁。一方面，"文化身份认同"是自我的投射；另一方面，"文化身份认同"使得文化群体的规范、态度、价值和目标内化于个体，成为个体不可或缺的一部分，从而形成自我，使自己的社会角色被文化群体接受和认可（2012：235）。

随着后工业社会和数字时代的到来，后现代主义理论家们认识到，所谓"自我"，不是一个稳定的结构，因而"身份""认同"也不是唯一的和固定不变的。在不同的时间、地点，在不同的语境下，身份认同也会有相应的变化。霍尔认为："主体在不同时间获得不同身份，再也不以统一自我为中心了。我们包涵相互矛盾的身份认同，力量指向四面八方，因此我们的身份认同总是一个不断变动的过程。"（1992：277）。后现代的主体已经不再是一个具有一致性的统一体，而是破碎成一堆碎片。后现代语境下的自我也不再是恒定不变的了。阿尔都塞认为意识形态是主体产生和存在的基础；福柯主张主体是权力关系的产物；利奥塔则把主体阐释为交往系统的一个个"结点"。总之，主体、自我、认同等都不再是边界清晰、实实在在的稳定存在了，而是虚化成了模糊、不稳定、不完整的语言的构建，由于其不稳定性，需要话语持续不断地确认和强化。"认同作为一种构建，是一个永不完结的过程，永远都在进行之中。"（Hall，1996：16）

文化认同需要话语构建，这种构建大致可以分为三个层次。第一层次是个体心理方面的，作为个体，需要话语构建和强化个体对于某群体文化的归属感。第二层面是文化群体层面的，作为群体，需要话语构建本民族的文化传承，以确保其文化的统一性和凝聚力。第三个层面是文化群体间的，也就是来自文化群体外的"他人"确认。

（三）国际出版话语在个体层面的文化认同构建

数字时代是多元化的时代，人类面临着多种多样的选择，也受到各种各样观念和思想的影响。数字时代，世界变成了"地球村"，人类各种各样的文化汇集到一起，形成了多元文化共存的局面。数字时代的多元文化影响着人们的认知，也影响着人的文化认同。原来被认为具有统一性和整体性的个人文化身份也破碎成一大堆文化身份的标签，例如出生地、种族、民族、性别、国籍、语言、宗教信仰等。不过即便破碎了，其中构成文化身份的各种因素也充满了张力。在詹姆士（Paul James）看来："对文化身份要素的分割，即便经过了殖民过程、国家建立及现代化等各种程序的洗礼和固化，各种要素中依然充满了张力和矛盾。这些矛盾有时是破坏性的，但也可以是创造性的和积极的。"（2015：174–195）经过数字时代文化全球化的冲击，构成文化身份的各要素也产生了一些变化。随着通信、交通技术的发展，人口流动性增强，地域、国籍、出生地、生活方式等因素在文化认同中的重要性开始弱化，语言、信仰、价值观等因素的重要性开始增强。话语构建成了确立和保持文化认同不可或缺的环节。

对个体来说，文化身份是"自我"的一个重要标志，是个体确定意义边界的重要坐标，也是个体寻求同类并融入群体的依据。在多元文化的汇集中，个人的文化认同面对着各种各样话语的构建。苏联心理学家维果斯基认为，人类最初始的文化工具是语言，正是通过语言符号的互动，人类得以修正自己的行为，构建自己的思想认知。"自我"的产生是一个复杂的过程，是通过语言在与他人及充满文化符号世界的互动中逐步出现的（1978）。

数字时代，人们每天接触海量的信息，而这些信息往往是以出版物的形式存在的，有纸质媒介的，如书籍、报纸、期刊等，也有数字媒介的，如网页、新闻、App等。这些出版物话语对于人形成高层次、自我规范的思考过程有着重要意义。

台湾学者孟樊认为："个人的认同指的是自我的建构，即我们对自己作为独立个体的自我感，以及我们如何认知我们自己与我们作为别人如何看待自身。社会的认同则涉及作为个体的我们如何将我们自己放置在我们所生于其中的社会的方式，以及我们认知他者如何摆置我们的方式；它衍生自个人所参与其中的各类不同的生活关系。"（2001：19）。过去，在自成一体的部族社会和封建宗法社会中，个人文化认同的形成在极大程度上受到了地域、家族、血缘、性别等客观条件的限制。个体在很有限的范围内与他人互动，在封闭的社会关系和话语体系中构建了表面上似乎是牢固不变的身份认同机制。然而，现代社会的发展从根本上改变了社会的整体结构，经济一体化、文化多元化的"地球村"出现了。在文化全球化大潮的冲击下，文化认同危机出现了，并给文化安全带来了威胁。

面对文化全球化，要维护民族的文化安全，强化文化认同，就需要一种开放、包容的话语体系。在汗牛充栋的出版话语中，国际出版话语对于个人心理层面文化认同的构建有着特殊的作用，这是因为在文化多元化的"地球村"时代，个体的文化认同构建不可能以封闭的话语体系来实现，而是需要开放的全球视野，开放的全球视野正是国际出版的首要特征。数字时代的出版物，特别是数字出版物，早已打破了地域空间乃至国界的限制，所以从某种程度上讲，数字时代的出版都可以是国际出版。国际出版的目标受众主要是异文化中的读者，出版视角更加多元化，话语更加国际化，跨文化的意识更加强烈。可以开拓个人和他人互动的范围及视野，有助于个体在更深层次上形成对某群体文化的文化认同，通过国际出版话语构建的文化认同更加稳固。

（四）国际出版话语在民族文化层面的文化认同构建

个体的文化认同与周围的社会文化环境密切相关，语言环境、文化习俗、信仰体系、历史传统等都是构建文化认同的重要因素。在传统较为封闭的语境中，要保持始终稳定的文化认同并不是一件十分困难的事情。但是，在文化多元化时代，个体有机会面临更多的文化身份选择，原有的文化认同面临着多元文化的影响，容易引发文化归属方面的焦虑和文化身份的迷失，很可能会导致文化认同危机。面对开放的文化语境，民族文化凝聚力的话语构建尤为重要。

对于一个文化群体来说，文化认同是民族文化形成的核心要素，是一个文化群体区分"我们"与"他者"的根本依据。一个民族如果没有成员共同的文化认同，就谈不上民族凝聚力、文化稳定和文化安全。对于中华民族来说，文化认同不但是民族凝聚力的源泉、文化安全的保障，而且是实现中华民族伟大复兴的文化心理基础。在民族文化层面构建文化认同，首先得挖掘这个民族共有的文化财富，包括该民族独有的历史文化、神话传说、民间故事、文化符号、文学叙事、宗教仪式、核心价值观等，这些民族文化中共有的财富就构成了民族文化的核心，对民族文化的共同确认和归属感使得民族文化产生了凝聚力。

民族的历史文化、神话传说、民间故事、文化符号、文学叙事、宗教仪式、核心价值观等都需要话语构建。话语是人类在社会实践过程中逐步形成的思维认知表达方式，是一个民族的语言在社会活动中的实际应用，人们就是通过话语来传递信息、沟通思想、表达观点和态度的。出版活动是对人类在社会实践过程中获得的知识和经验的传播和保存，人类对于客观世界的认知在出版物中以话语的形式保存下来，并突破了人际传播的时空限制，传播到世界各地，流传至子孙后代，形成了知识的积累。

新时代的国际出版更是以开阔的视野、多维度的视角和多元的话语对民族的文化核心加以构建，在文化传承、价值整合和行为规范方面对文化认同的构建起着关键的作用。首先，在文化传承方面，出版的作用是无可替代的。迄今为止，人类绝大部分的文化财富都是以出版物的形式保存下来的。"书籍是人类进步的阶梯"，出版在积累和传承人类文化财富中的作用至关重要。国际出版加入了多元文化的视角，可以通过多民族的文化传承对某一文化中的认知加以比较、印证，从而使得人类的文化传承视角更加广阔，有利于矫正文化传承中的偏差。其次，在社会价值整合方面，出版传播也有着独特的作用。文化认同的话语构建是一种价值导向的社会活动，具有明确的价值目标和鲜明的价值取向。社会上不同的群体形成了多元的舆论环境，而新闻出版在某种程度上整合了不同群体舆论的价值冲突，形成了较为统一的主流价值观。作为传统的大众媒介，新闻出版可以通过议题设置来引导社会舆论。当然，出版对于价值观的整合并不是要消除价值观的差异，而是要在"和而不同"的基础上梳理出舆论的秩序，实现有主有次，多元共存。最后，新闻出版对人的行为有规范作用。人是社会动物，其行为方式受到社会的影响、调整和规范。出版物（既包括传统出版物，也包括数字出版物）通过倡导符合文化中核心价值观的行为，并谴责和批评不符合核心价值观的行为，来形成社会舆论氛围，通过社会舆论对其成员的行为加以引导和规范。

（五）国际出版话语在民族间层面的文化认同确认

文化认同主要是个体或群体内部的选择，是不可能通过外部的强加来实现的。但是，人是社会关系的总和，文化认同又是在主体与"他者"的互动中形成的，是一种对个人与个人、个人与群体间共同关系的确认，这种确认总是存在于人与人的关系当中。戏剧家萧伯纳在他的名剧《卖花女》中有一句经典的台词："淑女与卖花女的区别不在于她的行为是怎样的，而在于别人是如何对待她的。"正是"他者"的确认造就了一个人，定义了一个人在社会上的身份，也塑造了这个人看世界的视角和文化认同。换句话说，文化认同本身就是一种关系。这就意味着，"他者"的确认是文化认同形成的重要因素。对于个体来说，来自"重要他人"的影响不可或缺，而对于一个民族来说，来自他文化的确认同样至关重要。可以说，一个民族的文化认同既包含内部认同，也包括外部认同。一方面，要形成和保持文化凝聚力，就需要在其内部民众中间构建文化认同，以保持对本民族文化核心的确认和归属感；另一方面，文化认同的构建也需要在世界上各个民族间也享有比较高度和一致的合法性认同，可以和其他民族平等互动，在民族间的互动中释放自己的国际影响力。

在全球化时代，世界各民族的文化接触频繁，不断地交锋、交流、交融。由于各文化间的广泛接触，人们对各种文化也产生了各种印象。社会文化体系好像一张巨网，网中个体的认同要受到来自各方的限制和影响。在多元开放的世界中，各文化的国际形象变得越来越重要，因为其影响着公众对该民族的政治经济体制、意识形态和生活方式等所持有的看法，这些公众的看法反过来会影响该民族内部个体对其文化的认同。也就是说，国际形象越正面，其越容易得到公众的认可，同时，在公众认可的影响下，其文化内部的个体越容易稳固其文化认同。

网络时代的人们生活在一个现代传播媒介缔造的"拟态环境"中，而距离现实生活的"真实世界"较远。例如，2020年新冠肺炎疫情在全球爆发后，人们一直在关注媒体公布的统计数据。如果出于某种原因，媒体公布的某个国家或地区病例较少，该地人们的恐慌情绪就不大，即使实际的感染人数大大超过了媒体公布的数字也没关系。而几天后，实际新增病例不是很多，但媒体补上原来漏掉的数据，致使报道的病例数大增，人们就会产生恐慌情绪，开始到超市抢购、囤积生活用品。由此可见信息时代媒体的力量。

出版是直接以话语为媒介的大众传播手段，它作为其他大众传媒的基础，是民族文化传播的主要方式之一。由于其通过话语呈现，直接作用于人的思想深处，可以在深层次上影响人的认知和价值观。国际出版的目标受众是世界上各个国家和民族的公众。随着技术的发展，特别是数字出版技术出现以后，国际出版已经从过去的单一渠道、纸质媒介、单向发布的信息渠道转变为多平台、多媒介、多终端、多元化的立体传播方式。国际出版通过把关，对信息进行选择和编码，决定什么样的信息可以优先推送到世界各地的读者面前；通过议程设置来影响全球受众的关注，聚集世界的目光；通过话语呈现来构建民族的国际形象；通过民族间的文化确认来塑造民族的文化认同。

五

中国国际出版中的
文化安全形势探究

国际出版是维护国家文化安全的重要基石，肩负着构建文化认同、维护民族文化安全的重要责任。全球化时代，国际出版业的竞争越来越激烈，一方面，中国大陆市场被许多国外出版企业看作是"最后一块可以分享的蛋糕"。全球出版业巨头——培生教育集团、励德·爱思唯尔集团、汤森路透集团、威科集团、阿歇特出版集团、麦格劳-希尔教育集团、施普林格、哈珀·柯林斯出版集团等几乎全部在中国进行了战略布局。另一方面，中国出版企业也在积极地走出去，进入全球国际出版市场。本章主要分析中国国际出版的现状，发现中国国际出版中存在的问题，并针对问题提出中国国际出版文化安全策略。

（一）中国国际出版现状分析

纵观国际出版的形势，可以做出的一个判断是：一方面，中国的国际出版正在"走出去"的磨炼中茁壮成长；另一方面，由于历史、文化、政治、经济等各方面的原因，国际出版"西强东弱"，且西方出版业主导话语权的态势没有得到根本扭转。

中国是一个文化资源大国，具有发展文化产业的良好基础。改革开放40多年来，出版的理念、思维、运作方式、体制结构都发生了巨大变化，文化产业在经济社会发展中的作用越来越突出，成为我国经济发展新的增长点，所取得的成就令人鼓舞。作为新兴产业，我国文化产业发展刚刚起步，呈现出了成长性较好、盈利空间较大等特征。从2002年开始，我国人均国民收入逐年增长。随着人均国民收入的增加，居民生活水平得以提高，居民对文化产品的需求也日益增长，出版传媒市场发展空间潜力巨大。从20世纪80年代开始，我国出版业高速发展，出版产值的年均增长率长期保持在10%—20%，有时甚至高达30%以上，这在当代世界出版业中极为罕见（欧宏，2004：10）。

1. 中国新闻出版产业发展历程

新闻出版业具有经济和文化双重属性。中华人民共和国成立后，一直到20世纪90年代，新闻出版的文化属性得到了关注，其经济属性则被忽视了。出版社、杂志社和报社都属于事业单位，社会对其关注的是文化服务功能。由于其经济属性长期得不到重视，自身的发展也受到了局限。具体到出版行业，则出现了长期重生产轻市场、重出版轻发行的倾向，出版物流通渠道不畅，阻碍了出版业的发展。这不仅影响了新闻出版业实力的提升，也影响了其文化属性的发挥。

随着改革开放政策的实施，管理部门开始重视市场流通，1982年中华人民共和国文化部（现中华人民共和国文化和旅游部）发布《关于图书发行体制改革工作的通知》，提出了中国图书发行体制改革的总目标是要在全国建成一个以国有新华书店为主体，多种经济成分、多条流通渠道、多种购销形式、减少流转环节的图书发行体系，即"一主三多一少"。这项政策极大地刺激了民营书商的发展。

1988年4月，中华人民共和国新闻出版署发布《关于当前图书发行体制改革的若干意见》，提出"三放一联"的改革措施：放权承包，搞活国有书店；放开批发渠道，搞活图书市场；放开购销形式和发行折扣，搞活购销机制；推行横向经济联合，发展各种出版发行企业群体和企业团体。由此打破了新华书店"一统天下"的局面，催生了以民营力量为主的"二渠道"。

20世纪90年代开始，新闻出版行业也开始了产业化尝试。1998年，中华人民共和国新闻出版署确立了以集团化推动出版行业发展的战略，同时批准组建首批7家出版单位进行出版集团化试点。上海世纪出版集团于1999年2月成立，成为全国第一家经中央主管部门批准的试点出版集团。到2001年年底，经中国共产党中央委员会宣传部和中华人民共和国新闻出版署批准，全国成立了6家出版行业改革试点集团：上海世纪出版集团、广东省出版集团、北京出版社出版集团、辽宁出版集团、山东出版集团和中国科学出版集团。2002年，被称为"中国出版航母"的中国出版集团成立。

2002年，政府主管部门陆续出台了一系列宏观指导政策，进一步明确了出版集团建设的规范和要求。这些指导性文件主要包括《关于新闻出版业集团化建设的若干意见》《关于进一步加强和改进出版工作的若干意见》；《出版集团组建基本条件和审批程序》和《发行集团组建基本条件和审批程序》等。

在成功试点的基础上，2003年，文化体制改革的大幕徐徐拉开，新闻出版行业开始了全满的转企改制。2005年，中共中央、国务院出台了《关于深化文化体制改革的若干意见》，文件提出要"重塑文化市场主体。按照现代企业制度的要求，加快推进国有文化企业的公司制改造，完善法人治理结构。加快产权制度改革，推动股份制改造，实行投资主体多元化……运用市场机制，以资本为纽带，实行联合、重组，重点培育发展一批实力雄厚、具有较强竞争力和影响力的大型文化企业和企业集团，使之成为文化市场的主导力量和文化产业的战略投资者"。国家新闻出版署根据文化体制改革的统一部署,确定了转企改制时间表,把2009年年底确定为新闻出版行业完成转企改制的最后期限,要求地方出版单位和高校出版单位在2009年12月31日之前全面完成转企改制。到2010年,可以说中国出版业基本完成了产业化转型。

2010年到2015年,中国出版业进入了成长期。出版业转企改制基本完成之后,精细化、专业化发展提上了日程。出版企业通过集团化规模运营,逐步提高服务质量,并进行改革创新,开始重视市场的开发和研究,注重培养客户的忠诚度。市场也逐渐由分散到集中,集团运营的规模效应显现。一些力量较强的出版集团开始股份化运作,将上市作为其重要发展目标。

2015年之后,中国出版产业进入发展时期,完成了出版集团产权制度的改革,获得国有资产的授权,明确了产权归属。出版企业集团引入了第三方股东完成股权结构多元化,建立了相对规范的母子公司体制,并形成控股集团和股份公司的双层架构,并在此基础上上市融资,开展资本运作。整个出版产业进行了供应链整合,实行差异化发展策略,实行了成本管理,提高了出版企业的盈利水平。

总的来看,到目前为止,中国新闻出版产业的发展大致可以分为下表中的四个阶段:

表1　中国新闻出版产业发展阶段

阶段	探索期	萌芽期	成长期	发展期
时间	1998—2003年	2004—2009年	2010—2015年	2015年至今
主要特点及任务	集团化试点；探索产业化发展之路	全面转企改制；产业化转型	精细化、专业化发展；细分市场；股份化运作	确立完善现代企业制度；加强党的领导；提高盈利水平

中华人民共和国成立后，特别是改革开放以来，我国出版业发展迅速，规模显著扩大。1949年我国出版的图书只有8000种左右，而到了2018年，图书出版达到了436051种；1978年，我国报纸只有186种，2018年达到了1871种；期刊从1978年的930种增加到2018年的10139种。

表2　建国70年来新闻出版业发展数据统计表

年份	图书		报纸		期刊	
	种数	总印数（亿份）	种数	总印数（亿份）	种数	总印数（亿份）
1949	8000	1.05	315	4.12	257	0.2
1978	14987	37.74	186	127.76	930	7.62
1988	65962	62.25	1537	267.78	5865	25.5
1998	130613	72.39	2053	300.38	7999	25.37
2008	275668	69.36	1943	442.92	9549	31.05
2018	436051	65.05	1871	337.26	10139	22.92

从营业收入来看，自2009年新闻出版业产值营业收入突破

了1万亿元之后，一直稳步提高，2016年突破了2.3万亿元。虽然2017年之后受到了经济形势的影响，不过出版业发展的趋势并没有改变。

图7　2009—2018年中国新闻出版业产值营业收入

2. 中国国际出版在"走出去"战略的指引下迅猛发展

中国出版"走出去"就是我国出版业走向国际化，通过出版物向世界传播中国文化的活动，是发展我国软实力、提高中华文化影响力、保障国家文化安全的重要战略。

"走出去"最开始是经济领域提出的一个战略。党的十四大报告提出要积极开拓国际市场，发展外向型经济；2000年10月，党的十五届五中全会上首次明确提出"走出去"的战略方针。随着经济领域"走出去"战略的部署和实施，文化领域也开始了"走出去"的尝试。2002年7月，原文化部部长孙家正在全国文化厅局长座谈会上指出：要以更加开放的姿态融入国际社会，进一步扩大对外文化交流，实施"走出去"战略。2003年，新闻出版行业正式制定了出版"走出去"的发展战略。2011年制定的《新闻出版业"十二五"时期发展规划》明确提出了中国出版"走出去"的基本原则、重点任务与政策措施。

在中国出版"走出去"的战略指引下，中国的国际出版发生了翻天覆地的变化，取得了举世瞩目的成绩。1995—2000年，中国版权引进与输出的比例高达10∶1，在版权贸易中逆差巨大，中国国际出版的竞争力明显处于弱势。在"走出去"战略的指引下，中国出版努力奋斗十几年，使得中国国际出版的竞争力有了大幅提高。"中国图书对外推广计划""丝路书香出版工程""经典中国国际出版工程""中华学术外译项目"等多种支持中国出版"走出去"的项目得以实施。

2013年，中国提出了"一带一路"倡议，在共商、共建、共享基本原则的基础上促进"一带一路"沿线国家在基础设施建设、文化交流和经贸方面的合作发展。"一带一路"倡议的提出为中国出版"走出去"创造了新的机遇，中国国际出版迎来了新的高速发展期。在"一带一路"沿线国家——越南、泰国、印度尼西亚、阿联酋、黎巴嫩、埃及、印度、尼泊尔、吉尔吉斯斯坦等国家，我国的版权贸易额有了较大提高。通过"一带一路"倡议的落实，沿线国家不仅经济得以繁荣，区域合作和文化交流都得到了加强。中国出版"走出去"的空间也得到了很大拓展，在"一带一路"沿线国家，中国出版的国际影响力不断扩大，不但推动了传统的产品贸易和服务贸易，出版物销售、书展、版权贸易、印刷业务等都得到了促进，而且合作方式越来越多元化，各种合作、合资项目不断推出。这一切加大了中国出版"走出去"的推动力，促进了中国国际出版的发展。

全国新闻出版业年度产业统计自2004年起增加了版权贸易统计。从统计数据可以看出，中国的版权输出数量从2004年的1362种，至2017年的13816种，增长了10倍左右。而同期版权引进数量从2004年的11746种至2017年的18120种，增长了0.54倍。13年间版权输出和版权引进增速的巨大差别，显示了中国出版业为"走出去"付出的巨大努力。

从2001年以来公布的新闻出版基本数据来看，出版物进出口规模已经大幅增加。2001年全国图书、报纸、期刊累计出口643360种次、605.43万册（份）、1763.94万美元；全国图书、报纸、期刊累计进口432951种次、1682.48万册（份）、6904.13万美元。到2018年，全国累计出口图书、期刊、报纸、音像制品、电子出版物、数字出版物（不含游戏）1701.4万册（份、盒、张）、10092.6万美元。全国累计进口图书、期刊、报纸、音像制品、电子出版物、数字出版物（不含游戏）4096.9万册

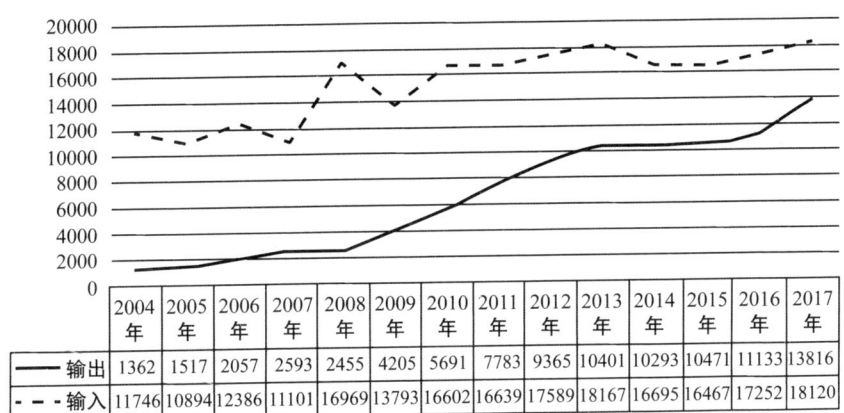

	2004年	2005年	2006年	2007年	2008年	2009年	2010年	2011年	2012年	2013年	2014年	2015年	2016年	2017年
输出	1362	1517	2057	2593	2455	4205	5691	7783	9365	10401	10293	10471	11133	13816
输入	11746	10894	12386	11101	16969	13793	16602	16639	17589	18167	16695	16467	17252	18120

图8　2004—2017年版权贸易总体变化情况

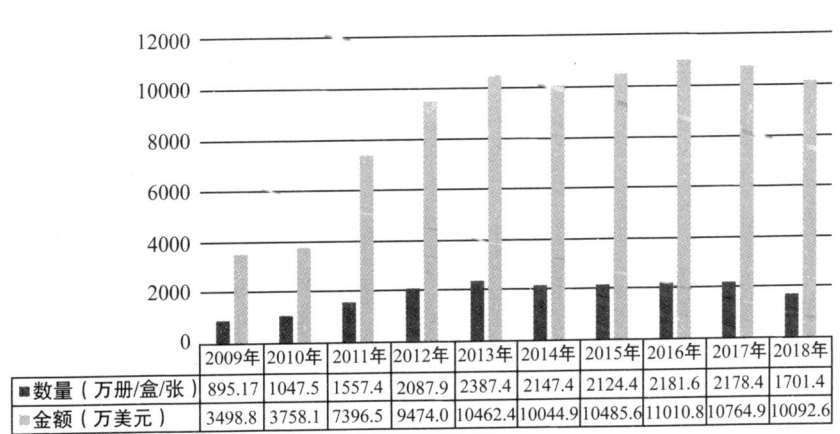

	2009年	2010年	2011年	2012年	2013年	2014年	2015年	2016年	2017年	2018年
数量（万册/盒/张）	895.17	1047.5	1557.4	2087.9	2387.4	2147.4	2124.4	2181.6	2178.4	1701.4
金额（万美元）	3498.8	3758.1	7396.5	9474.0	10462.4	10044.9	10485.6	11010.8	10764.9	10092.6

图9　2009—2018年出版物出口情况

（份、盒、张）、74222.1万美元。

中国国际出版所取得的成就一方面体现在对外贸易规模扩大、区域增加、版权贸易逆差缩小和出版物出口增加；另一方面，中国出版的影响力也在增强。"在全世界最大的读者平台上，由数千万读者自发提及的有关中国主题的图书品种已经达到88805种，既有20世纪翻译出版的鲁迅名著《狂人日记》，也有中国诺贝尔文学奖获得者莫言的英文版《红高粱》，还有刘慈欣的科幻作品《三体》。"（何明星，2017：1）

3. 中国国际出版在全球出版中的地位

在出版"走出去"战略的指引下，随着"一带一路"倡议的实施，中国出版历经了转企改制，已经迅速成长起来。在《出版商周刊》一年一度的世界图书出版企业50强的排名榜上，2010年首次出现了1家中国出版企业——中国高等教育出版社，排名第40位；到2014年，上榜的已经有了4家中国企业——凤凰出版传媒股份有限公司、南方出版传媒集团有限公司、中国出版集团有限公司和中国教育出版传媒集团有限公司，分别列排行榜的第6名、第7名、第15名和第21名。2016年《出版商周刊》的世界图书出版企业52强的榜单上，除了以上4家公司外，又出现了浙江出版联合集团，而且这5家公司都进入了排行榜的前20名。

表3 2016年《出版商周刊》世界图书出版企业52强

Rank 2016（2016年排名）	Rank 2015（2015年排名）	Publishing Group or Division（出版集团）	Parent Company（所属母公司）	Parent Country（所属国）	2015 Revenue in$M（2015年营业收入 单位: 百万美元）	2014 Revenue in$M（2014年营业收入 单位: 百万美元）
1	1	Pearson	Pearson PLC	UK	$6,625	$7,072
2	2	Thomson Reuters	The Woodbridge Company Ltd.	Canada	$5,776	$5,760
3	3	RELX Group	Reed Elsevier PLC&Reed Elsevier NV	UK/NL/US	$5,209	$5,362
4	4	Wolters Kluwer	Wolters Kluwer	NL	$4,592	$4,455
5	5	Penguin Random House	Bertelsmann AG	Germany	$4,056	$4,046
6	7	China South Publishing & Media Group Co.,Ltd	China South Publishing & Media Group Co.,Ltd	China	$2,811	$2,579
7	6	Phoenix Publishing and Media Company	Phoenix Publishing and Media Company	China	$2,755	$2,840
8	8	Hachette Livre	Lagardère	France	$2,407	$2,439
9	9	McGraw-Hill Education	Apollo Global Management LLC	US	$1,835	$1,855
10	11	Grupo Planeta	Grupo Planeta	Spain	$1,809	$1,943
11	12	Wiley	Wiley	US	$1,727	$1,822
12	12	Scholastic	Scholastic	US	$1,673	$1,636
13	18	Harper Collins	News Corp.	US	$1,646	$1,667
14	14	Cengage Learning Holdings II LP	Apax and Omers Capital Partners	US/Canada	$1,633	$1,708
15	20	Springer Nature	Holtzbrinck&EQT and GIC Investors	Germany, Sweden, Singapore	$1,605	$1,167

续表

Rank 2016 （2016年排名）	Rank 2015 （2015年排名）	Publishing Group or Division （出版集团）	Parent Company （所属母公司）	Parent Country （所属国）	2015 Revenue in$M （2015年营业收入 单位: 百万美元）	2014 Revenue in$M （2014年营业收入 单位: 百万美元）
16	16	Houghton Mifflin Harcourt	Houghton Mifflin Harcourt Company	US/Cayman Islands	$1,416	$1,372
17	15	China Publishing Group Corporation	China Publishing Group Corporation	China	$1,402	$1,495
18	NEW	Zhejiang Publishing United Group	Zhejiang Publishing United Group	China	$1,364	-
19	10	Holtzbrinck	Verlagsgruppe Georg von Holtzbrinck	Germany	$1,231	$2,000
20	21	China Education Publishing&Media	China Education Publishing&Media Holdings Co.Ltd.	China	$1,154	$1,108
21	19	Oxford University Press	Oxford University	UK	$1,137	$1,181
22	22	Informa	Informa plc	UK	$1,073	$1,075
23	23	Shueisha	Hitotsubashi Group	Japan	$1,013	$1,033
24	29	Kadokawa Publishing	Kadokawa Holdings Inc.	Japan	$1,009	$793
25	24	Kodansha Ltd.	Kodansha Ltd.	Japan	$969	$997
26	26	Shogakukan	Hitotsubashi Group	Japan	$850	$859
27	27	Bonnier	The Bonnier Group	Sweden	$827	$836
28	25	Egmont Group	Egmont International Holding A/S	Denmark	$786	$896
29	30	Simon&Schuster	CBS	US	$780	$778
30	28	Grupo Santillana	PRISA SA	Spain	$702	$793
31	31	Woongjin ThinkBig	Woongjin Holding	Korea	$552	$577
32	32	Klett	Klett Gruppe	Germany	$540	$560
33	35	Messagerie/GeMS	Messagerie Italiane	Italy	$502	$460
34	18	De Agostini Editore*	Gruppo De Agostini	Italy	$483	$1,367
35	33	Groupe Madrigall	Madrigall	France	$478	$531

Rank 2016（2016年排名）	Rank 2015（2015年排名）	Publishing Group or Division（出版集团）	Parent Company（所属母公司）	Parent Country（所属国）	2015 Revenue in$M（2015年营业收入 单位: 百万美元）	2014 Revenue in$M（2014年营业收入 单位: 百万美元）
36	34	Les Editions Lefebvre-Sarrut	Frojal	France	$432	$482
37	38	Cambridge University Press	Cambridge University Press	UK	$399	$409
38	36	Media Participations	Media Participations	Belgium	$371	$426
39	37	Mondadori Libri	The Mondadori Group	Italy	$350	$410
40	40	Westermann Verlagsgruppe	Medien Union	Germany	$327	$364
41	42	Sanoma	Sanoma WSOY	Finland	$307	$355
42	43	Cornelsen	Cornelsen	Germany	$284	$346
43	46	Haufe Gruppe	Privately owned	Germany	$279	$285
44	44	Kyowon Co.Ltd.	Kyowon Co.Ltd.	Korea	$277	$312
45	46	WEKA	WEKA Firmengruppe	Germany	$253	$286
46	45	La Martinière Groupe	La Martinière Groupe	France	$246	$292
47	49	Gakken Co.Ltd.	Gakken Co.Ltd.	Japan	$239	$257
48	52	EKSMO-AST	Privately owned	Russia	$233	$211
49	51	OLMA Media Group	Privately owned	Cyprus	-	$213
50	50	Bungeishunju Ltd.	Bungeishunju Ltd.	Japan	$201	$216
51	53	Groupe Albin Michel	Groupe Albin Michel	France	$194	$204
52	57	Shinchosha Publishing Co,Ltd.	Shinchosa Publishing Co,Ltd.	Japan	$182	$176

　　*The 2015 sales figure for De Agostini reflects sales of books and partworks only; it excludes all other revenue.（意大利De Agostini公司2015年销售额仅反映了图书和零件的销售情况，不包括其他收入。）

　　（来源：《出版商周刊》网站https://www. publishersweekly.com/pw/by-topic/international/international-book-news/article/71268-the-world-s-52-largest-book-publishers-2016. html）

从世界出版企业排行榜上的中国出版企业排名的变化，我们可以感受到中国出版的发展壮大。

根据"媒至酷"网发布的《2018新闻出版上市公司年度绩效数据报告》，截至2017年底，新闻出版企业共有28家公司上市，其中有12家企业是在2015—2017年这3年中上市的。

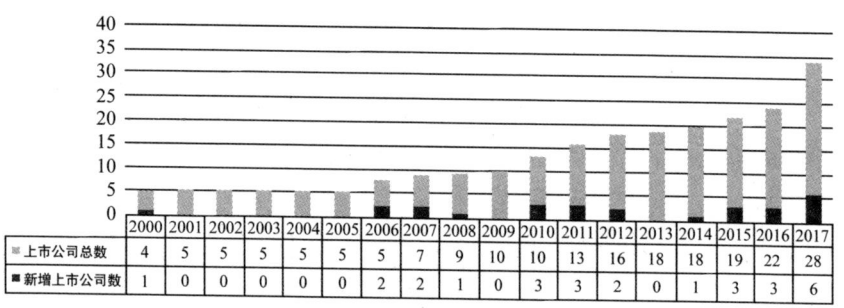

	2000	2001	2002	2003	2004	2005	2006	2007	2008	2009	2010	2011	2012	2013	2014	2015	2016	2017
■ 上市公司总数	4	5	5	5	5	5	5	7	9	10	10	13	16	18	18	19	22	28
■ 新增上市公司数	1	0	0	0	0	0	2	2	1	0	3	3	2	0	1	3	3	6

图10　2000—2017年新闻出版公司上市数量状况图

（来源："媒至酷"网 http://www.199it.com/archives/788617.html）

新闻出版企业响应国家"一带一路"倡议，面向"一带一路"沿线国家的版权输出增长迅速，多家出版机构在沿线国家落地。

可以说，经过了改革开放和转企改制，中国出版的实力已经明显增强，中国已经跨入出版大国的行列。但是和欧美国家的出版业相比，中国的国际出版还有很大的差距。无论是市场占有率还是资本运作，中国出版都有很长的路要走，特别是要扩大影响力。

（二）中国国际出版与世界出版巨头的差距

中国出版业取得的发展举世瞩目，不过由于底子薄、起点较低，无论是在国内市场还是国际市场，中国和西方发达国家相比，都存在着巨大的差距。尽管中国已经成为出版大国，但要成为出版强国，任重而道远。

1. 国内市场

随着改革开放的深入，中国出版也逐步加大了开放力度。1992年10月，我国先后加入《伯尔尼公约》和《世界版权公约》；1995年《中美知识产权谅解备忘录》达成。中国对外开放力度的加大，为跨国出版集团进入中国提供了良好的外部环境和契机。中国高速发展的经济和众多人口所构成的潜在巨大市场，几乎吸引了所有跨国出版商的目光。相比欧美等开放较早的出版市场，中国出版市场饱和度相对较低。中国大陆出版市场不仅被许多跨国出版集团看作是"最后一块可以分享的蛋糕"，而且被许多人看作是出版业未来加速发展的发动机，谁主导了中国大陆的市场，谁就有机会拥有出版业的未来。

作为人口众多且经济连续增长的新兴市场，再加上加入世贸组织后成为全球贸易体系的一员，中国市场对于大型跨国出版集团有着很强的吸引力。全球出版业巨头——培生教育集团、励德·爱思唯尔集团、汤森路透集团、威科集团、阿歇特出版集团、麦格劳－希尔教育集团、施普林格、哈珀·柯林斯出版集团等几乎全部在中国进行了战略布局。

改革开放初期，由麦戈文领导的美国IDG（国际数据集团）就开始进入中国，投资于媒体等相关行业，从而成为涉足中国出版市场最早的外资企业。1980年9月13日，中美合资的中国计算机世界出版服务公司成立，这是国内第一家经国家批准的合资出版公司。在合资公司中，IDG的股份是49％。现在在国内知名的IT专业期刊中，几乎一半都带有IDG的血统，像《微电脑世界》《IT经理世界》《中国计算机用户》《电子产品世界》《软件世界》《通讯产品世界》《今日电子》《通讯世界》《大众软件》《电子游戏软件》《数字财富》等都有IDG的投资。

20世纪90年代中后期到21世纪初，国外出版机构试水中国市场逐渐形成高潮，国际知名出版集团纷纷在中国设立代表处等办事机构。

2001年12月中国加入世界贸易组织，在服务贸易具体承诺减让表中开始分时间、地域逐步允许外资以合资的形式介入出版物的分销领域。我们在外围的印刷、发行等环节上有所松动，开始有条件地允许外资进入，但编辑、出版等核心业务丝毫没有松动，外国图书的进口也限定在政府批准的机构手中。

中国加入世界贸易组织后，出版业等文化产业对外开放已经势不可挡。中国出版业实施了"走出去"战略，2003年中国对外开放图书零售业务，2004年图书发行批发业务也开始向外资开放。越来越多的外资出版企业进入中国。国外的大型出版集团历史悠久、实力强劲，面对发展空间巨大的中国书报刊产业和庞大的市场垂涎三尺，他们不甘心被国家的政策壁垒挡在核心业务的门外，他们的办事机构积极了解中国的出版市场，强化与中国出版机构的互动，设法将外文出版物及出版物版权销售给国内的出版社。

原版出版物出口到中国大陆是国外出版商进入中国市场最初、最直接也是最简便有效的办法。图11和图12反映的是2009年到2018年间国外原版出版物出口到中国大陆的数量和金额情况（数据来自国家新闻出版署发布的"全国新闻出版业基本情况"）。

缩小出版物外贸逆差是扩大"走出去"成果的重要标志，也是业界努力为之的。要想缩小逆差，就必须提高中国出版物的质量，创出知名品牌，让中国文化为世人所接受。但是在较短的时间内，出版物外贸金额逆差的情况很难迅速改变，因为其根源在于中国出版物价格和外国出版物价格的差异太大。以2011年为例，当年中国出口出版物的平均单价为3.42美元，而中国进口出版物的平均单价为14.08美元，进口出版物平均价格

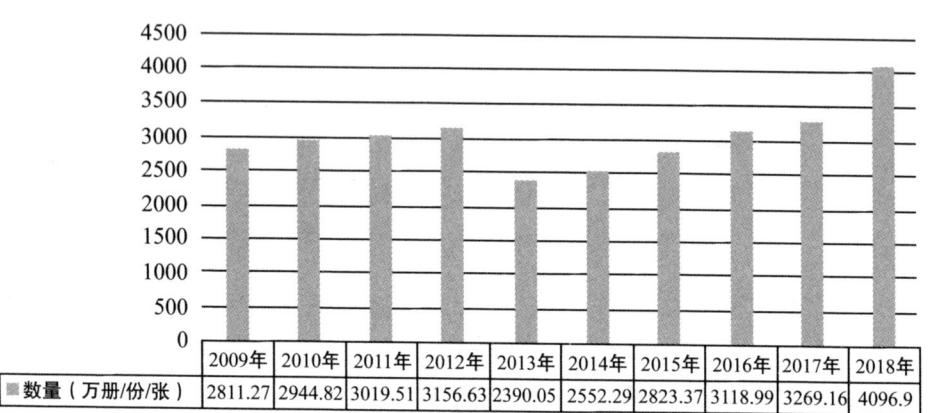

	2009年	2010年	2011年	2012年	2013年	2014年	2015年	2016年	2017年	2018年
数量（万册/份/张）	2811.27	2944.82	3019.51	3156.63	2390.05	2552.29	2823.37	3118.99	3269.16	4096.9

图11 2009—2018年出版物进口数量

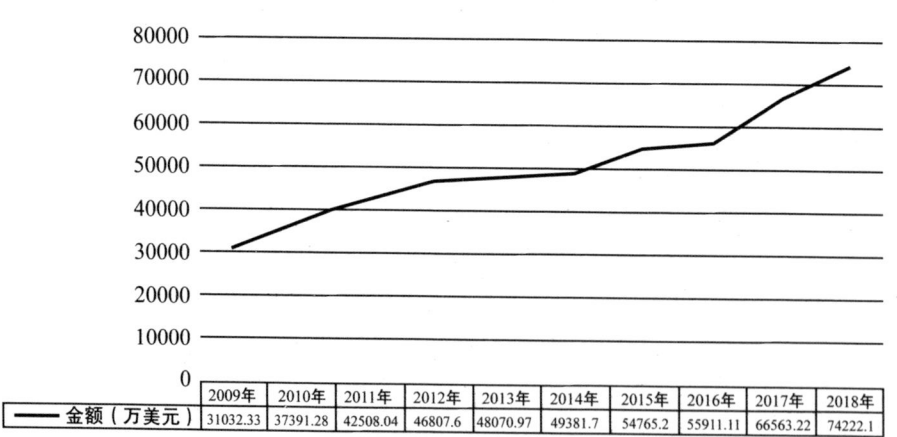

	2009年	2010年	2011年	2012年	2013年	2014年	2015年	2016年	2017年	2018年
金额（万美元）	31032.33	37391.28	42508.04	46807.6	48070.97	49381.7	54765.2	55911.11	66563.22	74222.1

图12 2009—2018年出版物进口金额

为出口出版物平均价格的4.12倍，如此大的价格差，使出版物外贸金额逆差的逆转变得非常艰难。

和实物贸易相比，把版权输入到中国大陆的版权贸易不涉及运费、关税、保险等成本，省时省力，方便快捷，是跨国出版集团非常乐意选择的进入中国出版市场的方式。

中国加入《伯尔尼公约》和《世界版权公约》后，在版权保护上开始与世界接轨。此后，对外开放范围进一步扩大，经济持续高速发展。在此背景下，中国的版权需求进一步扩大。2001年12月11日，中国正式加入世贸组织，成为世界贸易组织的第143个成员国，由此开启了世界版权贸易的全面接触与碰撞。加入世贸组织以来，中国对外版权贸易不断扩展。

下表反映了2004年到2017年间中国对外版权贸易的情况。

表4　2004—2017年中国对外版权贸易输出及引进比例情况

年份	合计			图书			音像制品、电子出版物		
	输出	引进	比例	输出	引进	比例	输出	引进	比例
2004	1362	11746	1∶8.62	1314	10040	1∶7.64	47	633	1∶13.47
2005	1517	10894	1∶7.18	1434	9382	1∶6.54	81	359	1∶4.43
2006	2057	12386	1∶6.02	2050	10950	1∶5.34	5	432	1∶86.4
2007	2593	11101	1∶4.28	2571	10255	1∶3.99	20	506	1∶25.3
2008	2455	16969	1∶6.91	2440	15776	1∶6.47	12	521	1∶43.42
2009	4205	13793	1∶3.28	3103	12914	1∶4.16	111	472	1∶4.25
2010	5691	16602	1∶2.92	3880	13724	1∶3.54	231	844	1∶3.65
2011	7783	16639	1∶2.14	5922	14708	1∶2.48	275	884	1∶3.21
2012	9365	17589	1∶1.88	7568	16115	1∶2.13	271	1078	1∶3.98
2013	10401	18167	1∶1.75	7305	16625	1∶2.28	1139	988	1∶0.88
2014	10293	16695	1∶1.62	8088	15542	1∶1.92	645	779	1∶0.90
2015	10471	16467	1∶1.57	7998	15458	1∶1.93	867	515	1∶0.59
2016	11133	17252	1∶1.55	8328	16587	1∶1.99	1282	587	1∶0.46
2017	13816	18120	1∶1.31	10670	17154	1∶1.61	1961	883	1∶0.45

（来源：根据国家版权局统计数据整理）

总的来看，14年来，中国的版权贸易逆差在不断缩小，但是版权贸易逆差的状况还没有改变。

2. 国际市场

版权贸易进出口数据的对比既能说明中国国内出版市场的现状，同时也体现了中国国际出版的竞争力。

除此之外，衡量一个国家出版业国际竞争力的指标通常包括其国际市场占有率、显示性比较优势及净出口指数三个指标。

首先，国际市场占有率是指一个国家或地区某一产品出口额占世界出口总额的比重，反映该国或地区该产品所占国际市场份额的大小程度，是一国或地区某一产品出口竞争力的直接体现（付海燕 等，2016：88）。按照联合国贸易产业分类标准，出版物包括印刷成品、图书、报纸、图片等。

付海燕等研究者根据联合国贸易统计数据，计算得出的中、英、美、德、法五国在2005—2012年出版物国际市场占有率如下（2016：88）：

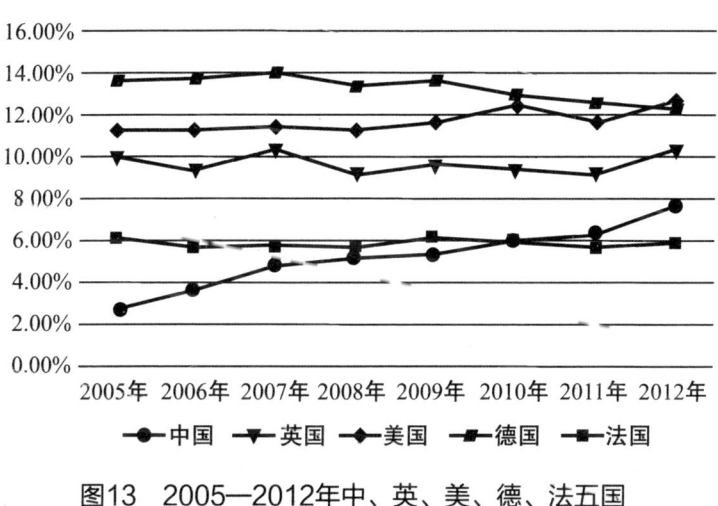

**图13　2005—2012年中、英、美、德、法五国
出版物国际市场占有率指数对比**

从上图可以看出，中国出版物国际市场占有率偏低，与英、美、德等出版强国有较大的差距。2012年，中国出版物国际市场占有率比英国低2%，比美国和德国分别低4%。

美国经济学家巴拉萨（Bela Balasa）所提出的显示性比较优势指数（RCA），用来判断一个国家或地区的某种产品的比较优势。一般采用一个国家或地区出口某类产品占其出口总值的比重与世界该类产品出口占世界出口总值的比重之间的比率来进行衡量。RCA＞1，表明该产品在本国或本地区的出口比重大于世界出口比重，该类产品在国际市场中具有比较优势。RCA＜1，该产品在本国或本地区的出口比重小于世界出口比重，该产品在国际市场不具有比较优势。

根据联合国出版物贸易统计数据，计算得出中国、英国、美国、德国和法国的显示性比较优势指数如下图所示（付海燕等，2016：89）：

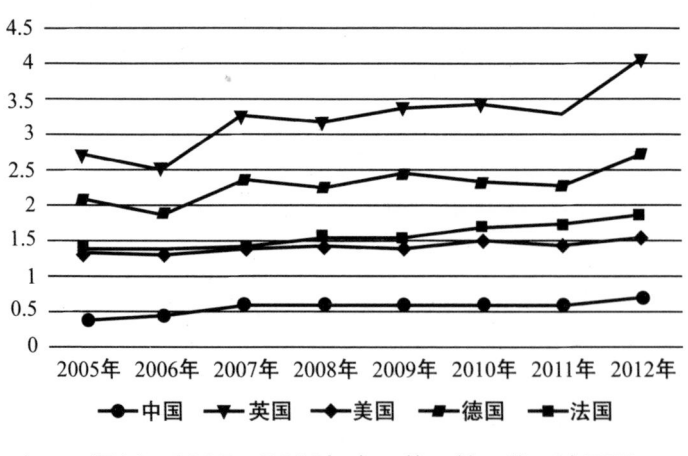

图14 2005—2012年中、英、美、德、法五国
出版物显示性比较优势指数对比

从图表中可以看出，英国出版物RCA指数均 ≥2.5，德、美、法的出版物RCA指数均＞1.25，而中国出版物RCA指数基本在0.5上下。说明从显示性比较优势来看，中国出版物RCA指数偏弱。

第三个指标是净出口指数（NTB），又叫作贸易竞争力指数，指一国或地区某类产品进出口贸易的差额占其进出口贸易总额的比重，主要反映该国或地区此类产品的贸易竞争能力。NTB＞0，该国或地区是该类产品的净出口国，NTB＜0，该国或地区是该类产品的净进口国。

根据联合国出版物贸易统计数据，计算得出中国、英国、美国、德国和法国的出版物净出口指数如下图所示（付海燕等，2016：89）：

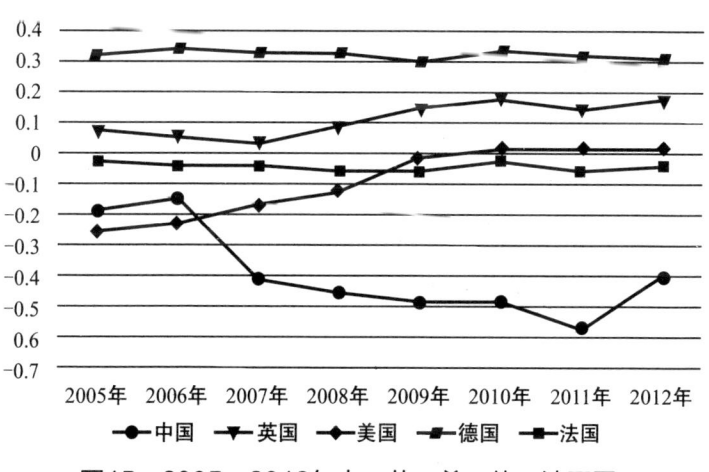

图15　2005—2012年中、英、美、德、法五国
出版物净出口指数对比

从图表中可以看出，德国出版物净出口指数基本在0.3—0.4之间；英国基本在0—0.2之间；美国2009年之前小于0，2009年之后大于0；法国处于-0.1—0之间；中国的出版物净出口指数从2007年之后一直位于-0.4以下，表明中国出版物的贸易竞争力偏弱。

无论是从出版物进出口贸易和版权贸易来看，还是从国际市场占有率、显示性比较优势及净出口指数来看，中国的国际出版和西方出版巨头相比，差距明显。目前，发达国家的出版产业在世界上占据主导地位，中国出版业面临激烈的市场竞争。

（三）中国国际出版弱势原因剖析

1. 产业发展历史原因

在21世纪之前，中国的出版行业不是企业的体制，只强调了出版的文化和意识形态属性，忽视了其经济属性。出版曾一度被看作是"出版事业"，出版的产业化进程远远落后于其他经济领域，这在很大程度上制约了出版业的自身发展。

出版业经济功能的缺失，使得出版业不但没有为国民经济的发展做出贡献，而且逐步沦落成国家财政的负担。由于其自身发展受到制约，文化和意识形态功能也不能完全得以发挥。管理部门逐渐认识到，作为国民经济的一个重要组成部分，出版业和其他产业一样承担着为社会创造价值、积累财富、促进就业等使命，在国民经济和社会发展中扮演着重要角色。于是，就有了21世纪初出版业的转企改制。

中国的出版业是市场化和产业化运作最晚的行业之一，也是开放度最低的行业之一。改革开放之前，中国的出版业一直在计划经济的轨道上运行。由于其具有鲜明的意识形态属性，出版传媒业的产业化进程远远落后于其他经济领域。而面对市场经济的风浪，要想远行，就不能安稳地驻足在陆地上，必须投入到全球出版传媒市场这个海洋中经历风浪才能扬帆远航。要把习惯了在计划经济陆地上平稳行进的火车改造为能够遨游商海的巨轮，这是彻底的破旧立新。

放眼世界，全球经济一体化的浪潮早已波涛汹涌，一浪高过一浪。西方出版业早已历经了百年市场经济浪潮的洗礼，形成了一个又一个出版业的"航母"。中国出版这艘刚改造了的巨轮，要和这些已经有了百年航行经验的航母级别对手竞争，其难度可想而知。

和西方出版巨头相比，中国出版起点低、底子薄，市场经验不足，参与全球出版市场竞争的能力较为有限。

2. 生产要素方面的原因

出版产业的生产要素主要包括资本资源、人力资源、知识资源等。

首先，从资本资源方面看。转企改制之后，中国出版产业组建了多家企业集团。但是这些企业集团的形成初期基本上都是通过行政手段组建的，较少有资本运作的成果。可以看到，中国的出版传媒集团基本上是以地区为范围组建的，包括了该地区各种类型的出版社、杂志社和发行印刷机构。而全国的出版集团之间除了名称不同之外，主营业务、经营模式、治理结构、产业链条都基本相同，其结果是特色不明、品牌不清、缺乏核心竞争能力。反观世界上大型的跨国出版传媒集团，它们基本上都是一种以资产关系为纽带的高级联合组织，是企业之间采用了兼并、控股、参股等多种形式的资本运作手段，打破了地区、部门、行业的界线而形成的。它们集团化的动力完全来自市场竞争的压力。

通过资本运营形成的企业集团是市场的产物，在市场竞争中具有先天优势。行政力量的介入，在短期内实现出版传媒产业的集团化和规模化，有其内在合理性。但是，行政力量的推动只能帮助出版传媒产业解决规模问题，要想真正提高竞争力，则必须要借助市场之手。

中国出版传媒企业的资本运作水平还处于初级水平。到

2017年底，经过转企改制的出版企业有28家已经上市。不过，"新闻出版类上市公司的盈利能力行业平均值为82.16，弱于整个传媒行业平均水平，由于资产规模大，但总体资产报酬率较低，导致对资本的使用效率水平不足，在传统业务增长乏力和多元业务开展竞争激烈的态势下，盈利能力亟待提高"（"媒至酷"网，2018）。

再从人力资源方面来看，中国国际出版所面临的一个巨大的挑战是，现有的国际出版人才队伍不能满足中国出版"走出去"的需求。我们的出版企业特别缺乏通晓外语，熟悉出版，能熟练运用国内国际各种有关法规，并具有很强的公关能力的高素质国际出版人才，尤其缺乏有灵敏的市场嗅觉、善于联想创新、能够见微知著的优秀策划编辑人才和翻译人才。

出版业是人力资源主导的"新经济"，人才的缺乏是制约中国出版业发展的瓶颈。特别是数字时代，出版业的高新技术和高级管理经营人才短缺。而在文化全球化的形势下，具备跨文化能力和全球视野的人才更是短缺。中国急需改革出版类人才培养的教学内容和教学方法，特别是要根据出版业"走出去"的需要，整合多学科的教学资源，加强国际化、复合型、应用型人才的培养。重点要提高学生的实际操作能力，缩短人才与市场需求接轨的适应周期，满足全球化、数字化时代出版业迅速发展的需要。

出版业从根本上来说是内容产业，知识资源对于出版业来说至关重要。西方出版业有出版经纪人的传统，出版经纪人模式在西方已经风行百年，日臻成熟。出版经纪人是在作者和出版商之间进行联系的机构或个人。出版经纪人是出版商与作者联系的纽带，他们与作者签订版权经纪合同，接受作者委托，代理作者作品版权，帮助作者寻找出版作品的机会，并从中获取一定的收益。出版经纪人的存在为出版商较好地解决了知识资源的问题。他们一方面熟知行业内情，懂得出版行业的操作规范，了解出版市场需求；另一方面，他们和作者联系紧密，和许多作者都保持着稳定的联系，能为出版商开发大量的优秀作者资源，及时发现优秀作品。无论是《达·芬奇密码》的风靡全球，还是《哈利·波特》系列的热销奇迹，这些畅销书的背后都有出版经纪人的身影，是他们的劳动创造出一个又一个出版界的销售神话。与西方出版界相比，中国出版界很少有类似出版经纪人的行业，出版企业和作者的联系也不是很密切。虽然有些出版企业比较重视作者队伍的建设，但是由于缺乏专门从事这方面工作的人才，有许多作者资源开发的工作是编辑在兼做。编辑由于业务方面的工作较多，很难同时和多位作者保持联系。而大部分作者并不熟悉出版流程和规范，更别说了解出版市场了。这就造成了作品和市场的脱节，有很多作品出版无门，同时，已出版的作品又不一定符合市场需求，其结果就造成了出版企业知识资源的短缺。

西方发达国家的跨国出版集团拥有庞大的资金、先进的产业结构、世界性的营销网络，它们凭借着强大的实力，不断向中国出版市场渗透。而中国出版企业在资金、技术、人才和经验上都难以与西方发达国家的跨国出版集团相比，在出版市场的竞争，特别是在国际出版市场的竞争上，中国出版尚需加倍努力。

3. 话语环境方面的原因

由于历史原因，英语成为国际商务交流的通用语。语言和文化是密不可分的，每一种语言里面都沉淀了其所在社会的价值观。英语也一样，其中包含着英语民族的价值观。不同民族有不同的地理、历史条件和生活习俗，在发展历史上形成了不同的思维方式，也就形成了不同的价值观念。这些价值观念深深地烙印在民族文化中，自然也就反映在该民族使用的语言中。语言是人类在社会实践过程中承载精神表达思想的工具，是在社会生活中因人与人交往时的需要而产生的。可以说，语言是社会文化的产物，同时语言也是思想的外化。

既然语言和文化是分不开的，使用某种语言，自然要受到语言本身所蕴含的价值观念的制约。英语作为英语民族的语言，其中所蕴含的价值观必然和中华民族的价值观有一些差异。英语所处的地位，再加上西方发达国家政治经济文化等方面的强势，使得西方话语成为世界的主流话语。

正是使用了包含西方价值观的英语作为出版语言，西方国家的出版物在国际出版话语上占据着主流地位，这样的形势是历史造成的。英语在国际出版中是主要语言，也是互联网上的主要语言，这就使得使用英语作为写作和出版语言的出版企业处在了天然有利的位置。使用非英语写作和出版的作品，要想得到国际社会的认可，首先得把作品翻译成英语。然而，很多民族的文化沉淀是无法翻译的。这就形成了一个两难的现象：如果不翻译，作品就得不到国际社会的关注，被边缘化，被人们视而不见；如果翻译，很多东西就得经过英语文化的改写，导致作品进入到国际社会视野后，已经不再原汁原味，而是经过了主流话语的加工和改写。

中国国际出版就面临着英语处于霸权话语地位的形势。如何在英语霸权的藩篱中开辟一条中国文化话语表达的路，是摆在中国国际出版面前的重大课题。

（四）国际出版弱势对文化安全的影响及对策

1. 出版力量弱势对文化安全的影响

因为出版话语在维护民族文化安全中起着基石的作用，所以出版力量的弱势会直接影响民族的文化安全。出版干预文化安全的工具就是其话语，如果出版产业处于弱势，就很难取得舆论的绝对主导话语权。

一旦主导话语权减弱，出版话语对内就很难凝聚共识，引导舆论。在数字时代，人们的生活越来越深地陷入各种媒体构建的"拟态环境"中，人的行为、思维也更大程度地受到媒体的影响。出版是其他媒体的母体，出版话语是国家主流意识形态的主阵地。如果这个阵地不稳固，非主流意识形态话语就会乘虚而入，占领舆论阵地。人的文化认同是由话语构建的，一旦主流话语起不到构建文化认同的作用，非主流话语的干扰就会潜移默化地破坏业已形成的文化认同，使文化认同出现动摇，最终导致文化认同危机。文化认同在民族文化冰山结构中处于最核心的地位，一旦文化认同出现危机，文化安全就难以保障。

国际出版除了构建文化群体内部的文化认同之外，其在保障文化安全方面的一个重要作用，就是在文化群体外部，即在文化间构建对出版话语所代表文化的确认，从文化群体的外部强化文化认同的构建，从而保障其所代表文化群体的文化安全。

现在来评估一下中国出版所面对的文化安全形势。从产业布局的角度看，出版传媒产业覆盖了编辑、印刷和发行三大环节，如何促进各个环节协调发展，是摆在出版传媒产业面前一个极具挑战性的问题。目前中国出版传媒产业的编辑领域没有对外开放，而印刷业和发行业都已经放开。要想保证出版传媒产业的安全，就必须做到收而不僵、放而不乱，使整个产业在内容生产、产品生产和出版贸易几方面都协同发展。

因为编辑领域没有对外开放，出版的主导话语权还牢牢掌握在中国出版的手中，这对于主导中国主流意识形态的话语权、构建全民族文化认同、保障中国的文化安全至关重要。不过，由于编辑领域没有直接面对市场竞争，也容易让人忽视外部的威胁，乐观估计文化安全形势，从而放松警惕。要真正牢牢掌握话语权，不受安全方面的威胁，还需要不断发展壮大自身的力量。

目前中国出版面临的发展问题主要有以下几个方面：第一，刚经历了转企改制的中国出版传媒产业现代企业制度尚不完善。截至2017年年底，虽然有28家出版传媒企业已经上市，但是很多出版企业从内部管理到外部的市场运营都需要进一步优化。第二，市场竞争不充分，中国的出版传媒市场呈现出的是不完全竞争的市场特征。第三，市场监管体系尚不健全。市场的立法还不完善，执法监督还有很多不到位的地方，行业协会的自律作用也没有得到充分发挥。第四，多年积累下来的产业结构中的问题也亟待解决：总体的产业集中度较低，缺乏规模优势；产业发展不平衡，专业协作水平不高；地区发展不均衡，东西部地区发展水平的差异较大；产品结构也不甚合理。

从外部环境来看，中国的出版传媒产业目前面对着国外出版传媒集团大军压境的局面。国外出版传媒集团看到了中国市场的潜力，虎视眈眈。一方面他们凭借强大的实力，利用产品、技术和资金优势，从合法的途径进入中国的出版传媒市场，挤占中国出版传媒企业的市场份额；另一方面，他们从出版产业的相关领域及出版传媒产业链下游的印刷、发行业务，以国际合作出版等形式，向编辑出版核心业务逐步渗透，对中国的出版传媒产业安全构成了威胁。西方文化霸权主义也借助其强势文化，对中国进行文化渗透和同化。

从国际出版的角度来看，中国出版在华文地区的影响力较大，在"一带一路"沿线国家的影响力正在逐步增强。但是和西方发达国家相比，我们的差距巨大，国际话语权很小。由于国际话语权弱小，在面对西方媒体霸权时，中国的声音微弱。在面对某些西方敌对媒体的造谣、污蔑、歪曲事实的报道和一些恶意攻击时，我们很难组织有效的反攻，防御也很艰难。其结果就是造成西方社会对中国的误解，使得不明真相的受众对中国产生负面印象。从文化安全的角度来说，就是文化认同很难得到有效的外部确认，使得文化认同不稳定，从而对文化安全产生威胁。

2. 加强国际话语权的对策

当然，要想加强国际话语权，最根本的办法就是发展和壮大中国国际出版自身的力量，完善出版产业内部的现代企业制度，提高资本运作水平，健全市场监管体系，并科学合理调整产品结构。

除此之外，国际受众研究的水平亟待提高。只有了解受众，了解市场，才有可能出版符合市场需求的作品。如果不认真研究受众需求，"走出去"的就可能只是一个数字，正如刘冰远等指出："我国推行'走出去'已十余年，不可否认的是，'走出去'的图书品种不算少，但重复性出版严重，同质竞争突出，亮点不多……而有些'走出去'只是为了完成任务，通过海外的夫妻店、朋友店，简单将中文图书本地化处理，印制非常少量的成品用于展示，远远没有达到国家战略层面上的'走出去'效果预期。"（2016）

努力提高自身实力是一个方面；另一方面，针对目前国际传播话语权"西强我弱"的局面，中国的国际出版不能急于求成，要讲究传播策略。要提高话语的影响力，须经过学习借鉴、交流发声、创新引领三个阶段。

第一步，进入以西方为主导的国际传播话语体系，也就是要学习借鉴国际传播话语体系的规则和特点。这个过程看似容易，但有时这个话语体系中的表达方式和我们习以为常的表达方式格格不入，有时甚至南辕北辙。因为这个话语体系是建立在西方文化基础之上的，很多我们自己想表达的意思是无法在这个话语体系中表达出来的。但是，这是既有的话语体系，我们必须参与进去，否则的话，我们的声音就会被边缘化，变成"听不见"的声音，我们的意见、见解都会变成"隐形的"，被别人视而不见。

第二步，参与既有的国际话语体系，并不是为了迎合西方的文化霸权，而是要发出自己的声音，表达自己的意见。在既有的国际传播话语平台上，利用平台的规则和习惯，要发出自己的声音，提出自己的主张。在多元化的世界中，要善于发现朋友，找到自己的同盟者，积极参与国际事务，提高中国国际出版的影响力和话语权。

第三步，在掌握了一定的话语权之后，运用影响力，逐步扩充和改变既有话语体系的规则，创新既有话语平台的表达方式，使其多元化，让更多第三世界的话语进入其中，让原来被边缘化、被漠视的话语加入进米，冲淡西方文化霸权的主导，逐步把既有的国际传播话语平台改造成真正的"国际"话语平台。只有实现了对话语体系的多元化改造，并创新话语体系的表达方式，我们才能凭借自己的实力，在改造创新后的话语体系平台上起到引领作用，真正掌握国际话语权。

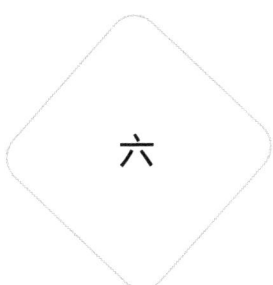

六

中国国际出版的
文化安全话语体系构建

文化安全的核心是文化认同，文化认同需要话语构建，出版传播是话语呈现的主要渠道。作为大众传播的母体和基础，出版传播在文化安全构建方面有着无可替代的作用。数字时代的世界已经成为"地球村"，文化多元化的浪潮汹涌，国际出版站在各种文化竞争、交流、交融的最前沿。同时，数字技术的发展已经给国际出版插上了双翼，使得国际出版超越了单向传播的纸媒，成为网络化、立体化和互动传播的渠道。在这种形势下，国际出版在传播民族文化、保障民族文化安全、构建文化认同方面起着基石的作用，其重要性是其他传播渠道不可比拟的。

（一）国际出版与话语权

话语是活的语言，是语言的实际应用。到了全球化时代，世界各种思想文化交锋频繁，各民族的政治、经济、文化利益相互交织，竞争不断，形成了世界多元文化众声喧哗的局面。

谁的话语受到更多的关注，谁在竞争中就会脱颖而出，取得优势。福柯在《话语的秩序》中指出：话语就是人们斗争的手段和目的。话语是权力，人通过话语赋予自己以权力。"国际话语权指以国家利益为核心，就社会发展事务和国家事务等发表意见的权利，而这些事务是与国际环境密切相连的，并体现了知情、表达和参与权利的综合运用。"（梁凯音，2009：112）多元文化时代，文化间话语权的争夺尤为激烈。"第二次世界大战以后，东西方争夺话语权的斗争，集中表现为争夺意识形态主导权的斗争。"（张国祚，2009：45）

虽然话语权作为一种软实力，是建立在硬实力的基础上的，以国家政治、经济、军事等实力为后盾，但是软实力并不是随着硬实力的提高自然而然形成的，其自身建设对于一个民族提高国际话语权至关重要。要加强国际话语权，首先需要建设话语平台。数字时代，传媒渠道多元化，话语平台也越来越多，图书、报纸、杂志、电影、广播、电视、互联网、移动通信等传播手段都是话语平台。在众多的话语平台中，出版直接以话语为媒介，是最基础，也是最重要的平台。无论是书报刊这些担负着文化传承使命的传统出版，还是具有分散多点、互联互动、海量无界的数字出版，都为话语传播提供了无限的空间，特别是数字出版打造的网络话语平台打破了出版活动的地域局限，使得网络出版成为国际出版。出版活动承载着思想传播、文明传承和信息互通的功能，满足着世界各民族人民对信息和知识消费的需求。一个民族的出版水平，在很大程度上决定着一个国家国际话语权的强弱。

除了话语平台之外，话语体系的构建对于话语权的加强也不可或缺，因为话语权就是话语的影响力。在国际传播中，要以自己的话语去影响别人，首先要进入到受众的话语体系中，用受众能够听懂、可以接受的话语去表达传播者想传播的内容，在和受众的互动中共同构建意义。因此，在国际出版活动中，要想增强话语的影响力，必须有受众意识，只有先找到自己的话语体系与国际受众话语体系的对接点，适应国际受众的话语体系，才能使自己想要传达的内容得到关注。不过，单纯地适应和顺从受众也不行，这样无法提高自己话语的影响力。只有积极参与到国际话语体系中，主动地和国际受众一起构建意义，把想要传达的内容以国际受众可以接受的方式传达给受众，才能对他们产生影响，提高话语的影响力。这就是国际出版中话语体系的构建。也就是说，国际传播中，讲故事的方式很重要。这就好比一个广东人要想和北方人交流，他首先得说普通话，先让别人听懂他在说什么。如果他说广东话，他讲的内容再好、再有趣、再有道理，北方人也不知道他在说什么，他只能自说自话、自言自语了。他第一步必须说普通话，让受众听懂，然后再一步步把受众的注意力引导到自己的话题上，用自己的话语去影响受众，如果他的话语影响力够大的话，也许有人会学说带有广东口音的普通话，并使之成为一种时尚。

（二）中国国际出版话语权现状

近年来，中国对于代表软实力的国际话语权高度重视，经过政府积极推进，出版产业持续发力，中国的国际出版已经取得了长足的进步，多年的努力已经使中国成长为出版大国。但是在国际话语权方面，中国还是与欧美国家存在着巨大的差距，这些差距主要表现在出版物市场规模、出版产业实力、出版话语平台主导权等方面。

首先看出版物市场规模。从出版物的语种来看，英语在全球出版中占绝对主导地位。英语的主导地位是经过英帝国主义在全世界殖民扩张的历史而形成的。18、19世纪"日不落帝国"的殖民霸权让英语迅速成为美洲、非洲、大洋洲乃至亚洲40多个国家的官方语言，并成为很多多民族地区的通用语。随着20世纪美国的崛起，英语更是睥睨天下。当今世界上有三分之一左右的人口说英语；约75%的电视节目是英语；互联网上70%以上的信息是英文。英语是国际商务活动的通用语言，是各种国际会议、国际组织的工作语言。与英语的全球性霸主地位相比，汉语的影响力主要在东亚和东南亚。汉语的国际影响力是在几千年来的人际往来、经贸交流、潜移默化的文化影响过程中形成的。与英语依赖殖民霸权扩散不同，汉语影响力的扩散依靠的是中国文化的自身魅力，在中华民族周边逐步形成了汉语言文化圈，也可以称为"儒家文化圈"。

英语作为国际通用语言，在出版物市场上也占有绝对的优势地位。根据世界图书馆数据平台（OCLC）的数据，2014年至2016年，世界各大图书馆收藏的出版物种类中，英语出版物2014年达到了1.27亿种，比2013年净增633万种；2015年为1.32亿种，比2014年增加690万种，年均增加约660万种。照此算法，德语出版物年均增新品种265万种左右，是英语出版物660万种的40%左右。法语年均增新品170万种，是英语年增出版物品种的26%左右。汉语出版物年均新增135万种，是英语年增出版物品种的20%左右。如图16：

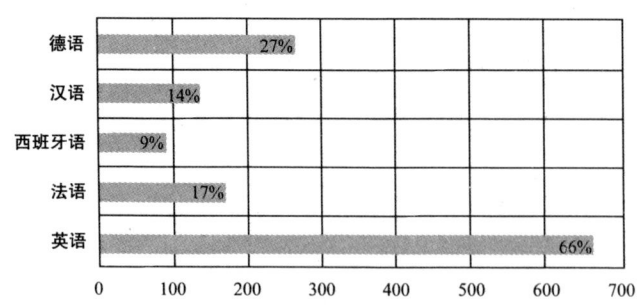

图16 世界各大图书馆收藏的出版物语种占比

（来源：何明星, 2018. 中国的世界出版能力现状与发展契机[J].
出版发行研究, (12): 85–90+45.）

从上图中可以看出，英语出版机构的知识生产能力在世界上占绝对主导地位。近年来，中国出版也在迅猛发展，虽然从新增出版物的数量上来看，汉语出版物的增速超过了西班牙语，但落后于德语和法语，遑论英语。

再看出版实力。从《出版商周刊》提供的2019年全球出版企业排行榜（表5）上来看。

全球出版企业20强当中，美国出版企业占7家（包括合资），年收入合计146.78亿美元；英国出版企业占4家，年收入合计127.57亿美元；而中国出版企业只有1家上榜，年收入为16.02亿美元，是上榜美国出版企业年总收入的10.9%、英国出版企业年总收入的12.59%。西方跨国出版集团的产业经济实力占绝对的主导地位。最后，在出版话语平台主导权方面，中国出版也和欧美出版差距巨大。这些差距部分无法在短期内弥补，但在有些方面可以有所作为：

一是语言方面。由于历史的原因，英语成为国际商务通用语，这给英、美等国带来了天然的话语优势。尽管话语和语言是有区别的，语言具有客观性，话语具有主观性，语言的使用形成了话语，但是语言是话语的基础，国际话语权首先就包含了使用哪种语言的权力。而话语的使用不可避免地包含了文化、思想意志、价值观，必然会形成权力关系。

二是在话语平台影响力方面。目前对出版有重大影响的国

表5 2019年全球出版企业20强

Rank 2019 (Data 2018)	Publishing Company (Group or Division)	Country Publ. Company	Parent Corporation or Owner	Country Mother Corporation	2018 (Rev mEUR)	2018 (Rev mUSD)	2017 (Rev mEUR)	2016 (Rev mEUR)
1	RELX Group (Reed Elsevier)	UK/NL/ US	Reed Elsevier PLC & Reed Elsevier NV	UK/NL/ US	€ 4.613	$5.278	€ 4.691	€ 4.600
2	Pearson	UK	Pearson PLC	UK	€ 4.583	$5.244	€ 5.077	€ 5.312
3	Thomson Reuters	US	The Woodbridge Company Ltd.	Canada	€ 4.486	$5.133	€ 4.116	€ 4.593
4	Bertelsmann *	Germany	Bertelsmann AG	Germany	€ 3.628	$4.150	€ 3.548	€ 3.503
5	Wolters Kluwer **	NL	Wolters Kluwer	NL	€ 3.285	$3.758	€ 3.342	€ 3.206
6	Hachette Livre	France	Lagardère	France	€ 2.252	$2.576	€ 2.289	€ 2.264
7	Springer Nature	Germany	Springer Nature	Germany	€ 1.658	$1.897	€ 1.637	€ 1.625
8	Wiley	US	Wiley	US	€ 1.570	$1.796	€ 1.432	€ 1.646
9	Harper Collins	US	News Corp.	US	€ 1.536	$1.758	€ 1.363	€ 1.569
10	Scholastic (corp.)	US	Scholastic	US	€ 1.423	$1.628	€ 1.451	€ 1.594
11	McGraw-Hill Education (Incl. McGrawHill Global Education & School Group)	US	Apollo Global Management LLC	US	€ 1.396	$1.597	€ 1.432	€ 1.674

续表

Rank 2019 (Data 2018)	Publishing Company (Group or Division)	Country Publ. Company	Parent Corporation or Owner	Country Mother Corpor- ation	2018 (Rev mEUR)	2018 (Rev mUSD)	2017 (Rev mEUR)	2016 (Rev mEUR)
12	Phoenix Publishing and Media Company	China (PR)	Phoenix Publishing and Media Company	China (PR)	€ 1.393	$1.602	€ 1.180	€ 1.211
13	Cengage Learning Holdings II LP	US	Apax and Omers Capital Partners	US/ Canada	€ 1.281	$1.466	€ 1.217	€ 1.547
14	Holtzbrinck	Germany	Verlagsgruppe Georg von Holtzbrinck	Germany	€1.240	$1.419	€ 1.174	€ 1.162
15	Houghton Mifflin Harcourt	US	Houghton Mifflin Harcourt Company	US/ Cayman Islands	€ 1.155	$1.322	€ 1.173	€ 1.308
16	Informa	UK	Informa plc	UK	€ 1.070	$1.167	€ 1.028	€ 910
17	Kodansha Ltd.	Japan	Kodansha Ltd.	Japan	€ 954	$1.093	€ 873	€ 961
18	Oxford University Press	UK	Oxford University	UK	€ 934	$1.068	€ 953	€ 888
19	Kyowon Co. Ltd.	Korea	Kyowon Co. Ltd.	Korea	€ 924	$1.057	€ 217	€ 240
20	Shueisha	Japan	Hitotsubashi Group	Japan	€ 923	$1.057	€ 869	€ 1.008

（来源：https://openresearch.community/documents/59374-global50_2019_final_26sept2019_screen）

际大奖基本都掌握在西方国家手中，如诺贝尔文学奖、普利策奖、凯迪克奖、雨果奖、国际安徒生奖、布克奖等，都有着重大的国际影响。法兰克福书展、伦敦书展的影响力也是世界级的。虽然中国近年来在国际出版交流、话语平台建设方面取得了不错的成绩，但是要达到比拟世界级话语平台的影响力，还有很长的路要走。

三是话语体系问题。目前我们对外传播的话语大多是以传播者为中心的，关注点多聚焦在"我想传播什么"上，比如在美国纽约时代广场播放国家宣传片。只有把国际传播话语聚焦到国际受众的接受度上，才能真正提高中国国际传播的影响力。

梳理中国国际出版和西方世界的差距，可以把问题分为三类：第一类是长期问题，不是短期内可以解决的。比如汉语的地位问题，需要长期的努力，随着国家综合实力的提高、文化影响力的扩大，汉语的国际地位会逐步上升。第二类问题是中期问题，比如话语平台的影响力问题。经过中国出版人的不懈努力，中国在话语平台的影响力是在逐渐改善和提高的。一方面，从出版精品入手，组织精品出版物"走出去"，提高国际影响力；另一方面，打造上乘的国际话语平台，比如提高北京国际图书博览会（BIBF）的影响力，设立国际图书奖等。第三类是较为紧迫的问题，比如构建和优化中国国际出版话语体系问题。只有把国际出版话语传播的关注点从以传播者为中心转变为以国际受众为中心，才能真正提高中华文化的国际影响力，逐步提高中国出版的国际话语权。

（三）中华文化国际出版话语体系框架的构建

根据出版市场划分，国际出版分为学术出版、教育出版和大众出版三个领域。在国际出版的三个领域中，学术出版话语肩负着理论构建的责任，大众出版话语承担着普及推广的任务，而教育出版话语则起着沟通理论和实践的作用。无论是哪一层面的国际出版话语，其灵魂都是中华文化的核心价值观。基于此，本研究提出以学术出版话语为骨骼、以教育出版话语为经络、以大众出版话语为血肉、以中华文化核心价值为灵魂，构建中华文化国际出版话语体系。

1. 以学术出版话语为骨骼

学术话语的构建在国际出版话语中起着中流砥柱的作用，应当作为国际传播话语中的骨骼。英、美等西方国家非常重视国际出版中的学术话语构建，他们把对外学术出版话语的构建作为一个系统工程，例如英国通过出版《剑桥中国史》《剑桥印度史》等世界主要国家的历史，把西方的价值观和意识形态渗透到历史研究等学术领域。

目前，西方的各种学术理论已经成为世界主流的学术话语。在这种形势下，中国对外学术话语的构建只能先借助现有的西方话语体系来逐步实现。所幸西方学术话语体系并不是铁板一块，多元文化运动的兴起为中国学术话语进入世界学术话语体系提供了很好的机遇。很多西方有识之士看透了西方话语的霸权本质，对其进行解构、批判和反思，形成了后殖民主义、后现代主义和文化批评等形形色色的学派。中华文化要走向世界，首先应当和国外批判西方文化霸权的学术话语结成同盟，共同来打破西方话语霸权对意识形态和价值观念的把控和操纵，推动多元文化共同繁荣，并促使中华文化在多元文化共同发展中取得一席之地。

学术话语是国际出版话语构建的骨骼，只有谋求推出高质量、高水平，同时容易被国际学术话语体系所接纳的学术出版物，才能逐步在西方学术话语霸权的缝隙中逐渐发出中华学术界的声音，在学术理论上讲好中国故事，阐释中国看法。

2. 以教育出版话语为经络

教育是文化的重要载体，也是文化传播的有效媒介。在全民学习、终生学习的时代，教育话语起着联通社会各个阶层和团体的作用，是社会有机体的经络。教育出版物是教育的载体，教育的社会功能中有一部分是通过教育出版来实现的。同时，教育出版市场也是全球最大、利润最高的出版市场。全球最大出版商培生集团的主营业务就是教育出版。英、美等西方国家以英语教育为基础，在全球构建了强势的教育话语体系。

在西方话语占据主导地位、英语已经成为国际通用语的情况下，中国教育出版话语的构建策略应当强调利用世界通用语言，表达独特中国理念。对外教育出版一方面要提高我们的翻译水平，重视英语出版物的开发，向世界传达中国独特的理念和视角。西方文化传统中看重对立思维和分析思维，这样的思维模式使得西方文化教育中强调文化的差异和不同。而中华文化则讲究包容、求同存异，追求的是不同文化的和谐相处。因此，中华文化教育重视的应当是人类共同的价值观。另一方面，随着中国经济的发展，"一带一路"倡议的实施和孔子学院的落地，世界各地兴起了"汉语热"。加强对外汉语教育出版对于中国国际出版话语体系建构意义重大。

教育出版在国际出版话语建构中起着经络的作用，联通着社会的方方面面。同时，对外教育出版的读者往往有着较强烈的了解中国、学习中华文化的动机，这就为对外教育出版话语的建构提供了受众基础。

3. 以大众出版话语为血肉

如果说学术出版话语是骨骼，教育出版话语是经络，那么大众出版话语就是国际出版话语体系的血肉。首先，大众出版物的读者是最广大的普通民众，他们的需求多种多样，涵盖的范围非常大。其次，大众出版物通俗易懂，更容易被一般民众所接受。从文化传播的角度看，大众出版话语的受众面广泛，影响范围大。

要构建对外大众出版话语体系，在传播策略上必须把握"民族化内容、国际化叙述"的国际传播话语原则。针对中华文化特有的元素和精神内涵，在充分考虑不同国家和地区受众差异的基础上，在叙事视角、叙事结构和叙事符号方面针对西方受众采取相应的策略。例如中华文化关注群体，在乎亲情；而西方文化多强调个体，欣赏独立。如何把中华文化以润物无声的方式渗透到西方人的心中，需要在叙事视角上采取有针对性的话语策略。在叙事结构上，中华文化属于高语境文化，叙事对语境依赖程度高，许多叙事强调暗含的寓意；而西方文化很多属于低语境文化，需要语言的明示。要让西方受众接受，就得改变叙事结构，采用符合目标文化的方式，既保持中华文化的特色，又能准确地把其内涵传达给西方受众。

提高国际出版物质量是构建国际出版话语体系的基础。中国出版业需要研究国外不同群体对文化产品的不同需求，集聚中国56个民族文化中的精华，推出对国外民众有吸引力的大众出版物，从而让中华文化在世界各地有更多的接受者和拥护者。

4. 以中华文化核心价值为灵魂

国际出版话语体系的灵魂当然就是中华文化的核心价值，这是对外传播的基本内涵。中华文化植根于东方土地，融入了东方智慧，历经了几千年，吸收了各种文化要素，最终形成了兼容并蓄、多样统一、延绵不绝、源远流长的文化体系，其中的价值观念、审美情趣和思维方式是对外传播的核心。

中华文化强调的是人文主义精神，注重和谐与中庸，包容性是其精髓。如今的世界已经进入全球化时代，任何民族和文化都很难脱离其他的文化孤立存在和独自发展。多元、共存已经成为世界各个民族共同的心声。在世界向着多元化发展的今天，讲求两极对立的西方文化受到质疑的时代，正是中华文化对外传播的良机。以中华文化的核心价值作为国际出版话语体系构建的灵魂，中国的国际出版话语体系才能够显现出强大的生命力。

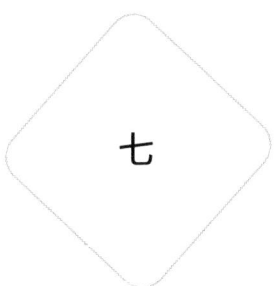

七

结论

文化安全的内涵极其丰富。从涉及范围来看，可以涵盖文化政治安全、意识形态安全、文化经济安全、文化社会安全、文化传统安全等方面；从纵深维度看，囊括语言、信息传播、生产生活方式、文化价值体系、基本价值观念等环节。拨开其云遮雾罩的面纱，透过纷繁复杂的现象，文化安全最核心的本质是文化认同。

数字时代，世界变成了"地球村"，多元文化众声喧哗，不断交锋、交流、交融。文化的全球化打破了传统的文化界限，人们不断地接触来自各种异文化五花八门的生活用品、消费理念、生活方式和价值观念，这一切无时无刻不在改变着人的认知。

如果说文化全球化的冲击是威胁文化安全的外因的话，人内心文化认同的变化就是造成文化安全危机的内因，而外因通过内因才能起作用。人出生于特定的社会文化之中，在和周围他人的交流和互动中形成了文化认同，构建了自己的文化身份。然而，文化认同不是形成之后就一成不变的，而是动态的，随着人的认知变化而产生变化。当一个民族文化中改变文化认同的人越来越多，这个民族的文化安全就遭受挑战，可能会发生文化安全危机。

文化认同是需要构建的，而构建文化认同的材料是话语，这正是本研究的出发点。本研究认为，出版作为最基础也是最重要的话语平台，在构建文化认同中起着基石的作用。数字技术的发展把世界各地连接在一起，使得任何出版活动都可能变成国际出版。特别是数字出版出现之后，出版话语传播从单向、线性传播变为互动、立体的传播。由于出版直接以话语作为传播媒介，出版话语会直接影响人的深层认知，从而在构建人的文化认同方面起着不可替代的作用。

图17 出版话语与文化安全

经过出版人多年的不懈努力，中国在出版物数量上已经成长为出版大国。但是与西方国家相比，我们在出版话语平台和话语影响力方面差距巨大，必须做长期艰苦的努力才能缩小差距，增强中国文化的国际话语权。要增强中国出版的国际话语影响力，首先得从构建中国国际出版话语体系着手。因此，本研究提出以学术出版话语为骨骼、以教育出版话语为经络、以大众出版话语为血肉、以中华文化核心价值为灵魂，构建中华文化国际出版话语体系。目前，我们国际出版的话语体系正在从以传播者为中心逐步转型到以国际受众为中心。国际出版话语只有接受受众话语体系，关注国际受众的需求，才能逐步影响受众的认知，提高话语的影响力。

国际话语权的提高必然会强化文化认同的构建，一方面增强了民族文化内部的共识，加强了文化的凝聚力，有助于形成和维护民族内部的文化认同；另一方面，国际话语权的提高加强了文化的外部影响力，更有助于外部对一个民族文化的确认，有利于化解文化认同危机，从而保障民族文化安全。

参考文献

爱德华·霍尔, 2010. 无声的语言[M]. 何道宽, 译. 北京: 北京大学出版社.

包仕国, 陈锡喜, 2006. 试论信息技术条件下的国家文化安全[J]. 宁夏社会科学, (01): 117–122.

包仕国, 2007. 全球化进程中中国文化安全的衍进与重构[D]. 上海: 华东师范大学.

本尼迪克特·安德森, 2005. 想象的共同体: 民族主义的起源与散布[M]. 吴叡人, 译. 上海: 上海人民出版社.

查尔斯·泰勒, 2001. 自我的根源: 现代认同的形成[M]. 韩震, 等译. 上海: 译林出版社.

陈旭麓, 1987. 论 "海派" [M]//复旦大学历史系. 中国传统文化的再估计. 上海: 上海人民出版社, 365-369.

程工, 2014. 世界主要国家文化安全政策研究[M]. 北京: 社会科学文献出版社.

程裕祯, 2011. 中国文化要略 (第3版) [M]. 北京: 外语教学与研究出版社.

崔新建, 2004. 文化认同及其根源[J]. 北京师范大学学报 (社会科学版), (04): 102–104+107.

段鹏, 2007. 国家形象构建中的传播策略[M]. 北京: 北京广播学院出版社.

费孝通, 2003. 中国文化的重建[M]. 上海: 华东师范大学出版社.

冯骥才, 2007. 灵魂不能下跪: 冯骥才文化遗产思想学术论集[C]. 银川: 宁夏人民出版社.

弗朗西斯·福山, 2014. 历史的终结与最后的人[M]. 陈高华, 译. 桂林: 广西师范大学出版社.

付海燕, 陈丹, 刘松, 2016. 中国出版物出口竞争力提升研究[J]. 科技与出版, (09): 87–91.

哈罗德·D·拉斯韦尔, 2003. 世界大战中的宣传技巧[M]. 张洁, 田青, 译. 北京: 中国人民大学出版社.

韩勃, 江庆勇, 2009. 软实力: 中国视角[M]. 北京: 人民出版社.

韩源, 2004. 维护中国国家文化安全的战略思考[J]. 理论前沿, (14): 16–17.

韩源, 2008. 国家文化安全引论[J]. 当代世界与社会主义, (06): 90–94.

郝良华, 2006. 论全球化背景下的中国国家文化安全[J]. 江淮论坛, (06): 94–98.

何明星, 2017. 内外联动, 推动中国出版走出去[J]. 出版参考, (08): 1.

何明星, 2018. 中国的世界出版能力现状与发展契机[J]. 出版发行研究, (12): 85–90+45.

贺麟, 2011. 文化与人生[M]. 上海: 上海人民出版社.

胡惠林, 2002. 在积极的发展中保障中国的国家文化安全: 再论国家文化安全[N]. 文艺报, 2002–10–10(004).

胡惠林, 2006. 论20世纪中国国家文化安全问题的形成与演变[J]. 社会科学, (11): 5–18.

胡惠林, 2011. 中国国家文化安全论(第二版)[M]. 上海: 上海人民出版社.

胡惠林, 2016. 国家文化安全学[M]. 北京: 清华大学出版社.

胡惠林, 2017. 文化生态安全: 国家文化安全现代性的新认知系统[J]. 国际安全研究, 35(03): 36–56+156–157.

胡适, 1998. 中国的文艺复兴[M]. 邹小站, 尹飞舟, 曹艺, 等译. 长沙: 湖南人民出版社.

胡哲谋, 1917. 偏激与中庸[J]. 新青年第3卷第3号, (5).

蒋欣欣, 2007. 身份/认同(Identity)[M]//王晓路. 文化批评关键词研究. 北京: 北京大学出版社, 277–292.

卡尔·马克思, 2009. 中国革命与欧洲革命[M]//中共中央马克思恩格斯列宁斯大林著作编译局. 马克思恩格斯文集第2卷. 北京: 人民出版社, 607–614.

李楚才, 1987. 帝国主义侵华教育史资料[M]. 北京: 教育科学出版社.

梁凯音, 2009. 论国际话语权与中国拓展国际话语权的新思路[J]. 当代世界与社会主义, (03): 110–113.

林宁, 2004. 关注文化安全加强先进文化建设的思考[J]. 理论月刊, (06): 51–53.

刘冰远, 姚雪, 2016. 出版 "走出去", 受众研究需要加强[N]. 新华书目报, 2016–06–13(003).

刘凤云, 2016. 奠都盛京: 清朝入关前文化体系的构建[J]. 清史研究, (03): 1–24.

卢梭, 1980. 社会契约论[M]. 何兆武, 译. 北京: 商务印书馆, 12–13.

卢毅刚, 2016. 大数据出版: "互联网+" 逻辑下的渠道拓展与传播效能提升[J]. 编辑之友, (06): 18–22.

逯维娜, 2004. 文化安全及其问题[J]. 理论导刊, (05): 60–62.

珞珈, 2012. 文化安全与出版力量[J]. 出版科学, 20(05): 1+21.

马广利, 2008. 文化霸权: 后殖民批评策略研究[D]. 苏州: 苏州大学.

马修·梅尔科, 2017. 文明的本质[M]. 陈静, 译. 北京: 中国社会科学出版社.

毛泽东, 1991. 毛泽东选集 (第1卷第2版) [M]. 北京: 人民出版社.

媒至酷, 2018. 2018新闻出版上市公司年度绩效数据报告[EB/OL]. (2018–10–30)[2020-09-18]. http://www.199it.com/archives/788617.html.

孟樊, 2001. 后现代的认同政治[M]. 台北: 扬智文化事业股份有限公司.

欧宏, 2004. 转制: 中国出版业艰难翻新页[J]. 半月谈 (内部版), (10): 10.

潘一禾, 2005. 当前国家体系中的文化安全问题[J]. 浙江大学学报(人文社会科学版), (02): 11–18.

潘一禾, 2007. 文化安全[M]. 杭州: 浙江大学出版社.

庞朴, 1986. 文化结构与近代中国[J]. 中国社会科学, (05): 81–98.

乔治·赫伯特·米德, 2012. 心灵、自我和社会[M]. 霍桂桓, 译. 南京: 译林出版社.

秦亚青, 2003. 国家身份、战略文化和安全利益: 关于中国与国际社会关系的三个假设[J]. 世界经济与政治, (01): 10–15+77.

让·波德里亚, 2001. 消费社会[M]. 刘成富, 全志钢, 译. 南京: 南京大学出版社.

塞缪尔·亨廷顿, 1998. 文明的冲突与世界秩序的重建[M]. 北京: 新华出版社.

沈洪波, 2005. 全球化进程中的国家文化安全问题研究[D]. 济南: 山东大学.

施拉姆, 波特, 1984. 传播学概论[M]. 陈亮, 等译. 北京: 新华出版社.

施拉姆, 1994. 人类传播史[M]. 游梓翔, 吴韵仪, 译. 台北: 远流出版公司.

石介, 1984. 徂徕石先生文集[M]. 北京: 中华书局.

石中英, 2004. 论国家文化安全[J]. 北京师范大学学报(社会科学版), (03): 5–14.

汤林森, 1999. 文化帝国主义[M]. 冯建三, 译. 上海: 上海人民出版社.

田建平, 黄丽欣, 2008. 出版学学科属性新探[J]. 河北大学学报(哲学社会科学版), (01): 100–106.

万安伦, 黄婧雯, 曹培培, 2021. 对出版和出版学科的再认识[J]. 出版科学, 29(02): 5–13.

威廉·冯·洪堡特, 2001. 论人类语言结构的差异[M]//姚小平. 洪堡特语言哲学文集. 长沙: 湖南教育出版社, 226–422.

维平, 2001. 如何正确认识当今的国际环境和国际政治斗争带来的影响[J]. 发展论坛, (05): 18–19.

夏保成, 1999. 国家安全论[M]. 长春: 长春出版社.

肖少北, 张文香, 2000. 语言与思维关系理论述评[J]. 海南师范学院学报(人文社会科学版), (03): 106–110.

熊可, 2016. 国家认同构建研究[J]. 科教导刊(上旬刊), (05): 157–158.

许嘉璐, 2006. 中国文化的症结在哪里[N]. 北京日报, 2006-5-22.

严昌洪, 1992. 中国近代社会风俗史[M]. 杭州: 浙江人民出版社.

杨金海, 1999. 文化帝国主义与军事帝国主义[J]. 马克思主义与现实, (04): 19.

尤瓦尔·赫拉利, 2017. 人类简史: 从动物到上帝[M]. 林俊宏, 译. 北京: 中信出版社.

詹福瑞, 2015. 试论中国文学经典的累积性特征[J]. 文学遗产, (01): 4–13.

张国祚, 2009. 关于"话语权"的几点思考[J]. 求是, (09): 43–46.

张其贤, 2009. "中国"与"天下"概念探源[J]. 东吴政治学报, (27): 170.

张晴, 2020. 欧洲出版市场纸书仍为市场主流 文学图书是产业中坚[N]. 国际出版周报, 2020-08-31(012).

赵吉林, 2009. 中国消费文化变迁研究[D]. 成都: 西南财经大学.

赵滕, 2017. 构建的认同: 政治合法性的 "祛魅" 分析[M]. 北京: 社会科学文献出版社.

赵汀阳, 2003. 没有世界观的世界[M]. 北京: 中国人民大学出版社.

朱锋, 2005. "中国崛起" 与 "中国威胁" : 美国 "意象" 的由来 [J]. 美国研究, (03): 33–59+3.

A. H. Maslow, 1943. "A Theory of Human Motivation", *Psychological Review*, No.4, pp. 370-396.

D. Chandler and R. Munday, 2011. *A Dictionary of Media and Communication*, Oxford: Oxford University Press.

D. L. Altheide, 2002. *Creating Fear: News and the Construction of Crisis*, New York: Aldine Transaction.

E. Sapir, 1921. Language: *An Introduction to Study of Speech*, New York: Harhcount, Brance & Company, pp. 195.

F. Fukuyama, 1989. "The End of History?", *The National Interest*, No.16, pp. 3-18.

F. Fukuyama, 2012. "The Future of History: Can Liberal Democracy Survive the Decline of the Middle Class?", *Foreign Affairs*.

H. Lasswell, 1965. *World Politics and Personal Insecurity*, New York: Free Press.

H. I. Schiller, 1976. *Communications and Cultural Domination*, New York: International Arts and Sciences Press.

J. S. Nye, 2006. "Think Again: Soft Power", *Foreign Policy*, February 23.

J. Weeks, 1990. "The Value of Difference", in Jonathan Rutherford (ed), *Identity: Community, Culture, Difference*, London: Lawrence & Wishart, pp. 188.

L. S. Vygotsky, 1978. *Mind in Society: The Development of Higher Psychological Function*, MA: Harvard University Press.

M. A. Zaremba, 1984. *AFS Orientation Handbook: Volume IV*, New York: AFS Intercultural Programs Inc..

M. Ennaji, 2005. *Multilingualism, Cultural Identity, and Education in Morocco*, New York: Springer.

P. James, 2015. "Despite the Terrors of Typologies: the Importance of Understanding Categories of Difference and Identity, Interventions", *International Journal of Postcolonial Studies*, No.2, pp. 174-195.

S. Hall, 1992. "The Question of Cultural Identity", in Stuart Hall, David Held and Tony McGrew (ed), *Modernity and Its Futures*,

Cambridge: Polity Press, pp. 273-325.

S. Hall, 1996. "Introduction: Who Needs 'Identity'", in Stuart Hall and Paul du Gay (ed), *Questions of Cultural Identity*, London: Sage, pp. 1-17.

S. Ishii, 1997. "Tasks for Intercultural Communication Researchers in the Asia-Pacific Region in the 21st Century", *Dokkyo International Review*, No.10, pp. 313-326.

UNESCO, 1996. "Learning: The Treasure Within", in *Report to UNESCO of the International Commission on Education for the Twenty-first Century*, Sydney: UNESCO publishing.

W. Lippmann, 1922. *Public Opinion*, New York: Harcourt, Brace and Company.